MOSTRUÁRIO

MOSTRUÁRIO

CINCO SÉCULOS DE POESIA

ANTOLOGIA DA POESIA CLÁSSICA BRASILEIRA

FREDERICO BARBOSA
(ORGANIZADOR)

CINCO SÉCULOS
DE POESIA

*ANTOLOGIA DA POESIA
CLÁSSICA BRASILEIRA*

São Paulo
4ª edição / 2011

Editora Aquariana

CINCO SÉCULOS DE POESIA
ANTOLOGIA DA POESIA
CLÁSSICA BRASILEIRA

© **Seleção e organização**
Frederico Barbosa

Estabelecimento de texto e revisão
Sylmara Beletti

Capa
Design CRV

Revisão
Vilma Maria da Silva

Atualização ortográfica
Tatiana Costa

1ª edição, 2000; 2ª edição, 2001; 3ª edição, 2003

CIP-BRASIL. CATALOGAÇÃO-NA-FONTE
SINDICATO NACIONAL DOS EDITORES DE LIVROS, RJ

C517
4.ed.

    Cinco séculos de poesia : (antologia da poesia clássica brasileira) /
Frederico Barbosa (organizador). - 4.ed. - São Paulo : Aquariana, 2011.

    ISBN 978-85-7217-114-4

    1. Poesia brasileira. I. Barbosa, Frederico, 1961-.

11-5103.

CDD: 869.91
CDU: 821.134.3(81)-1

10.08.11   18.08.11

028821

Editora Aquariana Ltda.
Rua Lacedemônia, 85 – Jd. Brasil
04634-020 São Paulo – SP
Tel.: (011) 5031-1500 / Fax: (011) 5031-3462
vendas@ground.com.br
www.ground.com.br

SUMÁRIO

APRESENTAÇÃO 17

NOTA À TERCEIRA EDIÇÃO 22

NOTA À QUARTA EDIÇÃO 23

LITERATURA DE FORMAÇÃO 25

José de Anchieta 29

* AO SANTÍSSIMO SACRAMENTO 31
* DA MORTE 38

BARROCO 41

Gregório de Matos 45

Poesia Lírica 47

* CUSTÓDIA (*Ai, Custódia! sonhei, não sei se o diga:*) 47
* ADMIRÁVEL EXPRESSÃO QUE FAZ O POETA DE SEU ATENCIOSO SILÊNCIO (*Largo em sentir, em respirar sucinto*) 48
* PINTURA ADMIRÁVEL DE UMA BELEZA (Vês esse Sol de luzes coroado?) 49
* À D. ÂNGELA (*Anjo no nome, Angélica na cara*) 50
* PONDERA AGORA COM MAIS ATENÇÃO A FORMOSURA DE D. ÂNGELA (*Não vira em minha vida a formosura,*) 51
* À SUA MULHER ANTES DE CASAR (*Discreta, e formosíssima Maria*) 52

- AOS AFETOS E LÁGRIMAS DERRAMADAS NA AUSÊNCIA DA DAMA A QUEM QUERIA BEM (*Ardor em coração firme nascido!*)............ 53
- AO MESMO ASSUNTO E NA MESMA OCASIÃO (*Corrente, que do peito destilada*)............ 54
- DESCREVE O LABIRINTO CONFUSO DE SUAS DESCONFIANÇAS (*Ó caos confuso, labirinto horrendo,*)............ 55
- CHORA O POETA DE UMA VEZ PERDIDAS AS ESPERANÇAS (*A Deus vão pensamento, a Deus cuidado,*)............ 56
- QUEIXA-SE O POETA QUE O MUNDO VAI ERRADO E, QUERENDO EMENDÁ-LO, O TEM POR EMPRESA DIFICULTOSA (*Carregado de mim ando no mundo,*)............ 57
- MORALIZA O POETA, NOS OCIDENTES DO SOL, A INCONSTÂNCIA DOS BENS DO MUNDO (*Nasce o Sol, e não dura mais que um dia,*)............ 58
- AO BRAÇO DO MENINO JESUS QUANDO APARECIDO (*O todo sem a parte não é todo,*)... 59
- A N. SENHOR JESUS CRISTO COM ATOS DE ARREPENDIDO E SUSPIROS DE AMOR (*Ofendi-vos, Meu Deus, bem é verdade,*)............ 60
- AO MESMO ASSUNTO E NA MESMA OCASIÃO (*Pequei, Senhor, mas não porque hei pecado,*)............ 61
- NO SERMÃO QUE PREGOU NA MADRE DE DEUS D. JOÃO FRANCO DE OLIVEIRA, PONDERA O POETA A FRAGILIDADE HUMANA (*Na oração, que desaterra aterra*)..... 62

Poesia Satírica
- À CIDADE DA BAHIA (*Triste Bahia! Oh quão dessemelhante*)............ 63

- DESCREVE O QUE ERA REALMENTE NAQUELE TEMPO A CIDADE DA BAHIA (*A cada canto um grande conselheiro,*) 64
- DEFINE A SUA CIDADE (*1. Recopilou-se o direito,*) 65
- DA CANALHA PERSEGUIDORA CONTRA OS HOMENS SÁBIOS (*Que me quer o Brasil, que me persegue?*) 66
- CONTEMPLANDO AS COISAS DO MUNDO DESDE O SEU RETIRO (*Neste mundo é mais rico, o que mais rapa:*) 67
- À DESPEDIDA DO MAU GOVERNO QUE FEZ ESTE GOVERNADOR (*Senhor Antão de Sousa de Meneses,*) 68
- A CERTA PERSONAGEM DESVANECIDA: D. LUÍS DE MENESES, CONDE DE ERICEIRA (*Um soneto começo em vosso gabo;*) 69
- AO GOVERNADOR ANTÔNIO LUÍS (*Sal, cal, e alho*) 70
- AO CAPITÃO SEVANDIJA DO PARNASO (*Meu Senhor Sete Carreiras*) 71
- AOS PRINCIPAIS DA BAHIA CHAMADOS OS CARAMURUS (*Há cousa como ver um Paiaiá*) 72
- DESCREVE A VIDA ESCOLÁSTICA (Mancebo sem dinheiro, bom barrete,) 73
- A UMA FREIRA, QUE SATIRIZANDO A DELGADA FISIONOMIA DO POETA, LHE CHAMOU PICA-FLOR (Se Pica-flor me chamais,) 74
- TEVE O POETA NOTÍCIA QUE SEBASTIÃO DA ROCHA PITTA, SENDO RAPAZ, SE ESTRAGAVA COM BRITES (Brás pastor inda donzelo,) 75
- NECESSIDADES FORÇOSAS DA NATUREZA HUMANA (Descarto-me da tronga, que me chupa,) 76

- DEFINIÇÃO DE POTÊNCIAS (Trique trique, zapete, zapete.) 77

Botelho de Oliveira 79
- PONDERAÇÃO DO ROSTO E OLHOS DE ANARDA 80
- A UM GRANDE SUJEITO INVEJADO E APLAUDIDO 81
- À ILHA DE MARÉ (fragmento) 82

ARCADISMO 83

Cláudio Manuel da Costa 89

SONETOS 90
- II (Leia a posteridade, ó pátrio Rio,) 90
- VI (Brandas ribeiras, quanto estou contente) 90
- VII (Onde estou? Este sítio desconheço:) 91
- XIV (Quem deixa o trato pastoril, amado,) 91
- LXXII (Já rompe, Nise, a matutina Aurora) 92
- XCVIII (Destes penhascos fez a natureza) 93

Basílio da Gama 95
- SONETO A UMA SENHORA QUE O AUTOR CONHECEU NO RIO DE JANEIRO E VIU DEPOIS NA EUROPA 96
- SONETO A TUPAC AMARU 97
- SONETO A UMA SENHORA NATURAL DO RIO DE JANEIRO, ONDE SE ACHAVA ENTÃO O AUTOR 98
- O URAGUAY – CANTO QUARTO (fragmento): A MORTE DE LINDOYA 99

Tomás Antônio Gonzaga 101

MARÍLIA DE DIRCEU 103

PRIMEIRA PARTE 103

- LIRA I (*Eu, Marília, não sou algum vaqueiro,*) ... 103
- LIRA II (*Pintam, Marília, os Poetas*) 105
- LIRA VII (*Vou retratar a Marília,*) 107
- LIRA XIV (*Minha bela Marília, tudo passa;*) ... 109
- LIRA XXX (*Junto a uma clara fonte*) 110

SEGUNDA PARTE 111

- LIRA XV (*Eu, Marília, não fui nenhum Vaquei-ro,*) 111
- LIRA XIX (*Nesta triste masmorra,*) 113
- LIRA XXII (*Por morto, Marília,*) 114

CARTAS CHILENAS 117

- CARTA SEGUNDA – fragmento (*O povo, Doroteu, é como as moscas*) 117

Alvarenga Peixoto 121

- JÔNIA E NISE (*Eu vi a linda Jônia e, namo-rado,*) 122
- SONETO (*Ao mundo esconde o Sol seus res-plandores,*) 123
- A D. BÁRBARA ELIODORA, SUA ESPOSA (*Bárbara bela,*) 124
- O SONHO (*Oh, que sonho, oh, que sonho eu tive nesta*) 126

ROMANTISMO 129

Gonçalves Dias 133

- CANÇÃO DO EXÍLIO 134
- NÃO ME DEIXES! 135

- SE SE MORRE DE AMOR 136
- LEITO DE FOLHAS VERDES 139
- MARABÁ 141
- I-JUCA PIRAMA 143
- A TEMPESTADE 160

Álvares de Azevedo 167
- SE EU MORRESSE AMANHÃ! 168
- IDEIAS ÍNTIMAS 169
- SONETO (*Pálida, à luz da lâmpada sombria,*) ... 178
- LEMBRANÇA DE MORRER 179
- NAMORO A CAVALO 181
- É ELA! É ELA! É ELA! É ELA! 183
- A LAGARTIXA 185
- SONETO (*Ao sol do meio-dia eu vi dormindo*) 186
- MINHA DESGRAÇA 187
- MEU SONHO 188

Junqueira Freire 189
- MARTÍRIO 190
- DESEJO 191
- MORTE 193

Joaquim de Sousândrade 197
- NOVO ÉDEN 198
- O INFERNO DE WALL STREET (fragmento) ... 200

Casimiro de Abreu 203
- AMOR E MEDO 204
- MEUS OITO ANOS 207

- A VALSA 209
- MINH'ALMA É TRISTE 214

Fagundes Varela 217
- A FLOR DO MARACUJÁ 218
- CANÇÃO LÓGICA 220
- ARMAS 221
- CÂNTICO DO CALVÁRIO (fragmentos) 222

Castro Alves 225
- MOCIDADE E MORTE 227
- O GONDOLEIRO DO AMOR 230
- O "ADEUS" DE TERESA 232
- ADORMECIDA 233
- NO ÁLBUM DO ARTISTA LUÍS C. AMOEDO 235
- AHASVERUS E O GÊNIO 236
- O LIVRO E A AMÉRICA 238
- O NAVIO NEGREIRO (Tragédia no mar) 241

PARNASIANISMO 251
Alberto de Oliveira 255
- VASO GREGO 256
- VASO CHINÊS 257
- O MURO 258
- CHEIRO DE ESPÁDUA 259

Raimundo Correia 261
- AS POMBAS 262
- A CAVALGADA 263

- SAUDADE 264
- MAL SECRETO 265

Olavo Bilac 267
- PROFISSÃO DE FÉ 268
- VIA LÁCTEA (fragmentos) 273
- NEL MEZZO DEL CAMIN... 275
- ÚLTIMA PÁGINA 276
- LÍNGUA PORTUGUESA 277
- MÚSICA BRASILEIRA 278
- A UM POETA 279

SIMBOLISMO 281
Cruz e Sousa 287
- ANTÍFONA 288
- FLORES DA LUA 290
- MÚSICA DA MORTE... 291
- VIOLÕES QUE CHORAM 292
- PERANTE A MORTE 295
- O ASSINALADO 296

Alphonsus de Guimaraens 297
- ISMÁLIA 298
- **A CATEDRAL** 299
- NEM LUZ DE ASTRO NEM LUZ DE FLOR
  SOMENTE: UM MISTO... 301
- CANÇÃO 302

14

Pedro Kilkerry 303

- EVOÉ! 304
- O VERME E A ESTRELA 305
- FOLHAS DA ALMA 306
- HORAS ÍGNEAS 307
- É O SILÊNCIO 309
- O MURO 310

PRÉ-MODERNISMO 311

Augusto dos Anjos 315

- O MORCEGO 316
- PSICOLOGIA DE UM VENCIDO 317
- A IDEIA 318
- BUDISMO MODERNO 319
- O MARTÍRIO DO ARTISTA 320
- VANDALISMO 321
- VERSOS ÍNTIMOS 322
- AS CISMAS DO DESTINO (fragmento) 323
- O FIM DAS COISAS 327

APRESENTAÇÃO

Cinco séculos de poesia aparecem nesta antologia. De Anchieta a Augusto dos Anjos, vinte e um poetas significativos da história da nossa literatura estão aqui representados por seus poemas mais conhecidos e admirados. Assim, torna-se acessível, ao leitor, uma parcela muito importante da produção poética brasileira anterior ao modernismo. Foram selecionados os textos estudados com frequência em nossas escolas e faculdades e, portanto, exigidos pelos exames vestibulares de todo o país.

O Brasil certamente não carece de poesia ou de sensibilidade. Se faltam leitores, é porque não lhes são dadas oportunidades como esta: acesso fácil ao que há de melhor.

Aqui, o leitor, de qualquer idade, poderá conhecer ou rememorar poemas como *A Canção do Exílio* e *I-Juca-Pirama*, de Gonçalves Dias, *O Navio Negreiro*, de Castro Alves ou *Meus Oito Anos*, de Casimiro de Abreu, todos publicados na íntegra. Ou ainda os poemas líricos e satíricos de Gregório de Matos, as liras de *Marília de Dirceu*, de Tomás Antônio Gonzaga, e sonetos célebres, como *As Pombas*, de Raimundo Correia, os da série *Via Láctea*, de Olavo Bilac, ou os do excêntrico Augusto dos Anjos.

Além disso, poderá encontrar textos menos conhecidos destes mesmos autores, selecionados exatamente devido a seu teor transgressivo e revolucionário, como os poemas irônicos de Álvares de Azevedo e Fagundes Varela, ou as obras ainda pouco divulgadas de Sousândrade e Pedro Kilkerry.

"Uma antologia não é o gênero em que possa esplender a originalidade". Já afirmavam, em 1955, Álvaro Lins e Aurélio Buarque de Hollanda na introdução ao seu *Roteiro Literário do Brasil e de Portugal* (José Olympio, 1956), uma obra atualmente esquecida, mas que, na sua seriedade de pesquisa e na seleção criteriosa dos textos apresentados, certamente é, juntamente com a série *Presença da Literatura Brasileira* (Difel, 1964), de Antonio Candido e J. A. Castello, o principal paradigma para a antologia que o leitor tem em mãos.

Por outro lado, se não é original, a proposta deste livro é exatamente a de suprir uma deficiência gritante no mercado editorial brasileiro: a de uma antologia da nossa poesia clássica tão criteriosa quanto as citadas acima, organizada a partir de uma perspectiva mais "atual" da nossa literatura e nunca perdendo de vista o trabalho do professor na sala de aula. Projetos semelhantes, embora bem mais amplos, foram desenvolvidos por Manuel Bandeira na sua *Antologia dos Poetas Brasileiros*, obra fundamental organizada durante a década de 1930, e Sérgio Buarque de Hollanda, na *Antologia dos Poetas Brasileiros da Fase Colonial*, do início da década de 1950.

Além das quatro obras já citadas, raras são as antologias da poesia ou literatura clássica brasileira lançadas nas últimas décadas dignas de menção. Abundam os manuais didáticos que pecam, em geral, por relegar o texto em si – as fontes – a um papel secundário: o de mera ilustração para determinadas épocas ou estilos.

A poesia brasileira carecia, portanto, de uma antologia que, como esta, possa servir tanto como livro didático, a ser seguido por professores em sala de aula, quanto como um manual de referência básico, para que aqueles que desejam se informar acerca da história da produção poética no Brasil – estudantes ou não – possam ter acesso direto a seus documentos fundamentais, organizados de forma sistemática, criteriosa e cronológica.

A escolha dos textos antologizados obedeceu a três critérios básicos: a sua importância do ponto de vista da evolução temática e formal da poesia brasileira, enquanto reflexo das nossas mutações culturais; o seu valor literário (poético) intrínseco e as possibilidades de relacionar-se cada texto escolhido a outros da antologia, apontando-se, assim, para os diálogos que textos das mais variadas épocas estabelecem entre si.

A ênfase, portanto, recaiu sobre a produção mais criativa e original dos autores elencados: aquela que os torna significativos não só como fruto de uma época ou estilo, mas também, e principalmente, como indivíduos singulares e formadores, com suas obras, das épocas, dos estilos e da cultura do país. Nem por isso foram esquecidas ou rechaçadas as obras mais conhecidas e típicas, segundo a historiografia literária tradicional, de cada um dos autores abordados, para que, do confronto entre os textos mais consagrados (que nem sempre são os mais ousados) e aqueles mais inovadores dentro da sua época (que nem sempre são de conhecimento geral), o leitor possa formar uma imagem mais nítida, arejada e ampla de cada autor: tanto no que apresenta de condizente com seu tempo quanto no que demonstra de inovador até para o leitor contemporâneo.

Para que o valor dos textos possa ser melhor avaliado pelos leitores, cada texto é precedido de uma introdução sobre o seu período histórico-literário e de uma breve nota biobibliográfica sobre seu autor. Assim, os alunos secundaristas têm aqui uma antologia atualizada da poesia brasileira clássica, acompanhada por introduções que formam um verdadeiro roteiro de leitura. O que lhes possibilita a leitura – fruição e estudo – da poesia brasileira em suas fontes, prescindindo até da orientação dos professores. Esses, por sua vez, têm um guia de trabalho prático e rigoroso para melhor navegarem, em segurança, pelo que há de mais criativo e instigante na nossa literatura.

O estabelecimento dos textos aqui apresentados foi feito com rigor e rara competência por Sylmara Beletti, que comparou diversas edições dos poemas escolhidos. Procuramos sempre encontrar a melhor solução – ainda que nem sempre a definitiva – no emaranhado de alternativas que se estendem diante de qualquer um que queira publicar a poesia anterior ao Modernismo no Brasil.

Cabe registrar a nossa dívida para com o trabalho de inúmeros estudiosos de poesia que, indiretamente, estimularam e possibilitaram a existência desta antologia. Além dos antologistas paradigmáticos: Manuel Bandeira, Álvaro Lins, Aurélio Buarque de Hollanda, Sérgio Buarque de Hollanda, Antonio Candido e José Aderaldo Castello, destacam-se, entre tantos, o resgate monumental da poesia de Gregório de Matos efetuado por James Amado, o estudo rigoroso e incansável de Rodrigues Lapa da obra dos nossos poetas árcades, a importante edição crítica da obra de Basílio da Gama, organizada por Ivan Teixeira, o registro da poesia simbolista por Andrade Muricy, a edição cuidadosa da obra de Augusto dos Anjos, levada a cabo por Zenir Campos Reis, a revitalização da obra tanto tempo esquecida de Sousândrade, feita por Augusto e Haroldo de Campos, e a descoberta de Kilkerry, de novo por Augusto de Campos, o nosso grande poeta inventor e crítico.

Mas Augusto de Campos ficará para uma próxima antologia: a do Modernismo em diante, do século que se encerra e do que está por vir. Esta que o leitor agora inicia traz 21 poetas, semente lançada para o século XXI.

Frederico Barbosa – 2000

NOTA À TERCEIRA EDIÇÃO

Poucos livros de poesia têm, no Brasil, o privilégio de chegar, em tão pouco tempo, à terceira edição. Felizes com a calorosa acolhida que esta antologia obteve do público leitor, procuramos corrigir as pequenas incorreções que existiam nas edições anteriores, como algumas datas e uns tantos cochilos gráficos. Em certos poemas, principalmente os de Gregório de Matos, refizemos nossas escolhas por lições que agora consideramos mais adequadas.

É importante salientar que a promessa feita na Apresentação, de continuar na antologia até a poesia do momento presente, já foi parcialmente cumprida. Em 2002 lançamos, em parceria com o poeta Claudio Daniel, *Na Virada do Século — Poesia de Invenção no Brasil*, que reúne a obra de 46 poetas contemporâneos brasileiros: aqueles que surgiram no final do século XX ou no início do XXI. Esperamos que os leitores desta antologia procurem também conhecer a amostragem que selecionamos do que se produz hoje no país. Falta-nos, ainda, o volume correspondente ao Modernismo, que em breve pretendemos organizar.

Nosso mais sincero agradecimento a todos os professores, estudantes, e amantes da poesia em geral, que, com seu apoio a esta obra, não nos deixaram mentir ao afirmar que "o Brasil não carece de poesia ou de sensibilidade. Se faltam leitores, é porque não lhes são dadas oportunidades como esta: acesso fácil ao que há de melhor."

Frederico Barbosa – 2002

NOTA À QUARTA EDIÇÃO

Este livro chega à sua quarta edição com uma mudança significativa. Passa a integrar o catálogo da Editora Aquariana, depois de passar mais de dez anos abrigado na Editora Landy, sempre com enorme aceitação do público leitor, seja dos já amantes da poesia, seja dos estudantes que se estão iniciando na leitura dos textos fundamentais da literatura brasileira.

É para este público iniciante que esta obra se torna a cada dia mais essencial, pois os critérios de escolha dos poemas desses grandes mestres da poesia brasileira anterior ao Modernismo passam tanto por apresentar os textos mais conhecidos e consagrados de cada autor, quanto também por mostrar para o leitor contemporâneo as experiências mais ousadas e criativas de cada poeta elencado.

Assim, o livro é útil tanto para o professor que almeja suprir as lacunas de conhecimento da história literária de seus alunos, quanto para aquele que deseja estimular o gosto pela leitura, enfatizando o prazer da leitura criativa propiciada pela poesia. Melhor ainda, para aquele que, com idealismo, procura oferecer tanto erudição quanto habilidades cognitivas aos seus alunos. Este professor faz seus alunos aprenderem a ler com profundidade ao mesmo tempo em que aumenta o repertório cultural dos jovens educandos.

Eis a grande missão deste livro: educar com gosto, demonstrar que há muito prazer em conhecer!

Frederico Barbosa – 2011

LITERATURA
DE FORMAÇÃO

O primeiro século de colonização do Brasil foi marcado pela tentativa européia de descrição e dominação do Novo Mundo. A nova terra – cheia de animais e plantas exóticas, e seus estranhos habitantes, de costumes tão inusitados e por vezes assustadores – gerou uma literatura composta basicamente por cartas, relatos de viagem e tratados descritivos, denominada *Informativa*, que procurava contar todas essas novidades àqueles europeus que não se atreviam a fazer uma viagem tão atribulada.

Entre europeus que descreveram a terra brasileira durante o século XVI, destacam-se, em língua portuguesa, as figuras de Pero Vaz de Caminha, escrivão oficial da frota portuguesa que primeiro aportou no país, em 1500; Gabriel Soares de Sousa (1540?-1591), que compôs uma descrição minuciosa da terra e do homem brasileiros no seu *Tratado Descritivo do Brasil* (1584) e Pero de Magalhães Gandavo, amigo de Camões e autor do *Tratado da Terra do Brasil e da História da Província de Santa Cruz* (1576) em que se sobressaem as descrições das frutas e árvores brasileiras, assim como os relatos do ritual antropofágico. Outro texto bastante curioso, já dos primórdios do século XVII, é o *Diálogos das Grandezas do Brasil* (1618), de Ambrósio Fernandes Brandão, que, através da personagem Brandônio, que dialoga com o menos crédulo Alviano, prevê um futuro brilhante para a terra brasileira. Entre os viajantes de língua estrangeira, distingue-se Hans Staden, cujas aventuras, relatadas em *Duas Viagens ao Brasil* (1557), tornaram-se os mais populares relatos do Novo Mundo durante o século XVI.

Além disso, temos a obra dos padres jesuítas que vinham ao Brasil com o objetivo de catequizar os nativos, criando uma literatura de caráter didático através da qual procuravam levar, e muitas vezes forçar, o índio a adotar a fé cristã. Nessa literatura de *Formação*, ou *Jesuítica*, o mais destacado, tanto na labuta missionária quanto nos dotes literários, foi o Padre José de Anchieta, que nos deixou inúmeros poemas e peças doutrinárias de certo valor literário. A obra literária de Anchieta tem o intuito básico de catequizar os índios. Seus poemas, portanto, têm um caráter mais pragmático do que artístico.

JOSÉ DE ANCHIETA
(1534 – 1597)

Natural de Tenerife, nas Ilhas Canárias, este jesuíta veio para o Brasil em 1553, onde fundou a cidade de São Paulo, envolveu-se ativamente com a política e realizou um trabalho missionário sem par. Sua obra literária, escrita em latim, espanhol, português e até no tupi que aprendeu com os índios, volta-se exatamente para este trabalho, tendo, portanto, um caráter pragmático fundamental: a catequização dos índios. Além de poemas, crônicas, sermões e cartas, releva-se, na sua obra, o teatro. Escrevendo autos aos moldes de Gil Vicente, Anchieta utilizava uma linguagem simples e direta para melhor atingir seu público-alvo: os indígenas. Entre as suas obras, destacam-se as peças *Quando, no Espírito Santo, se recebeu uma relíquia das onze mil virgens* (1579), *Na Vila de Vitória* (1586), e o importante volume *Arte de gramática da língua mais usada na costa brasileira* (1595).

AO SANTÍSSIMO SACRAMENTO

Oh que pão, oh que comida,
oh que divino manjar
se nos dá no santo altar
    cada dia.

Filho da Virgem Maria
que Deus Padre cá mandou
e por nós na cruz passou
    crua morte.

E para que nos conforte
se deixou no Sacramento
para dar-nos com aumento
    sua graça.

Esta divina fogaça
é manjar de lutadores,
galardão de vencedores
    esforçados.

Deleite de enamorados
que com o gosto deste pão
deixem a deleitação
    transitória.

Quem quiser haver vitória
do falso contentamento,
goste deste sacramento
    Divinal.

Este dá vida imortal,
este mata toda fome,
porque nele Deus e homem
     se contêm.

É fonte de todo bem
da qual quem bem se embebeda
não tenha medo de queda
     do pecado.

Oh! que divino bocado
que tem todos os sabores,
vinde, pobres pecadores,
     a comer.

Não tendes de que temer
senão de vossos pecados;
se forem bem confessados,
     isso basta.

Que este manjar tudo gasta,
porque é fogo gastador
que com seu divino ardor
     tudo abrasa.

É pão dos filhos de casa
com que sempre se sustentam
e virtudes acrescentam
     de contino.

Todo al é desatino
se não comer tal vianda
com que a alma sempre anda
     satisfeita.

Este manjar aproveita
para vícios arrancar
e virtudes arraigar
      nas entranhas.

Suas graças são tamanhas,
que se não podem contar,
mas bem se podem gostar
      de quem ama.

Sua graça se derrama
nos devotos corações
e os enche de bençes
      copiosas.

Oh que entranhas piedosas
de vosso divino amor!
Ó meu Deus e meu Senhor
      humanado!

Quem vos fez tão namorado
de quem tanto vos ofende?!
Quem vos ata, quem vos prende
      com tais nós?!

Por caber dentro de nós
vos fazeis tão pequenino
sem o vosso ser divino
      se mudar.

Para vosso amor plantar
dentro em nosso coração
achastes tal invenção
      de manjar,

Em o qual nosso padar
acha gostos diferentes
debaixo dos acidentes
     escondidos.

Uns são todos incendidos
do fogo de vosso amor,
outros cheios de temor
     filial,

Outros com o celestial
lume deste sacramento
alcançam conhecimento
     de quem são,

Outros sentem compaixão
de seu Deus que tantas dores
por nos dar estes sabores
     quis sofrer.

E desejam de morrer
por amor de seu amado,
vivendo sem ter cuidado
     desta vida.

Quem viu nunca tal comida
que é o sumo de todo bem,
ai de nós que nos detém
     que buscamos!

Como não nos enfrascamos
nos deleites deste Pão
com que o nosso coração
     tem fartura.

Se buscarmos fermosura
nele está toda metida,
se queremos achar vida,
esta é.

Aqui se refina a fé,
pois debaixo do que vemos,
estar Deus e homem cremos
sem mudança.

Acrescenta-se a esperança,
pois na terra nos é dado
quanto nos céus guardado
nos está.

A claridade que lá
há de ser aperfeiçoada,
deste pão é confirmada
em pureza.

Dele nasce a fortaleza,
ele dá perseverança,
pão da bem-aventurança,
pão de glória.

Deixado para memória
da morte do Redentor,
testemunho de Seu amor
verdadeiro.

Oh mansíssimo Cordeiro,
Oh menino de Belém,
Oh Jesus todo meu Bem,
Meu Amor.

Meu Esposo, meu Senhor,
meu amigo, meu irmão,
centro do meu coração,
      Deus e Pai.

Pois com entranhas de Mai
quereis de mim ser comido,
roubai todo meu sentido
      para vós

Com o sangue que derramastes,
com a vida que perdestes,
com a morte que quisestes
      padecer.

Morra eu, por que viver
vós possais dentro de mi;
ganha-me, pois me perdi
      em amar-me.

Pois que para incorporar-me
e mudar-me em vós de todo,
com um tão divino modo
      me mudais.

Quando na minha alma entrais
e dela fazeis sacrário,
de vós mesmo é relicário
      que vos guarda.

Enquanto a presença tarda
de vosso divino rosto,
o saboroso e doce gosto
      deste pão

Seja minha refeição
e todo o meu apetite,
seja gracioso convite
      de minha alma.

Ar fresco de minha calma,
fogo de minha frieza,
fonte viva de limpeza,
      doce beijo.

Mitigador do desejo
com que a vós suspiro, e gemo,
esperança do que temo
      de perder.

Pois não vivo sem comer,
como a vós, em vós vivendo,
vivo em vós, a vós comendo,
      doce amor.

Comendo de tal penhor,
nela tenha minha parte,
e depois de vós me farte
com vos ver.
      Âmen.

DA MORTE

Como vem guerreira
A morte espantosa!
Como vem guerreira
E temerosa!

A sua arma é a doença,
Com que a todos acomete;
Por qualquer lugar se mete
Sem nunca pedir licença;
Tanto que se dá a sentença
Da morte espantosa,
Como vem guerreira
E temerosa!

Por muito poder que tenha,
Ninguém pode resistir;
Dá mil voltas sem sentir,
Mais ligeira que uma azenha;
Quando manda Deus que venha
A morte espantosa,
Como vem guerreira
E temerosa!

A uns caça quando comem,
Sem que engulam o bocado;
Outros mata no pecado,
Sem que o gosto dele tomem;
Quando menos teme o homem,
A morte espantosa
Como vem guerreira
E temerosa!

A ninguém quer dar aviso,
Porque vem como ladrão;
Se não acha contrição,
Mata logo mais de siso;
Quando toma de improviso,
A morte espantosa
Como vem guerreira
E temerosa!

Quando esperas de viver
Longa vida mui contente,
Ela chega de repente,
Sem deixar-te aperceber;
Quando mostra seu poder,
A morte espantosa
Como vem guerreira
E temerosa!

Tudo lhe serve de espada,
Com tudo pode matar;
Em todos acha lugar
Para dar sua estocada.
Ah terrível bombardada
Da morte espantosa!
Como vem guerreira
E temerosa!

A primeira morte mata
O corpo com quanto tem;
A segunda, quando vem,
A alma e o corpo rapa,
Co inferno se contrata;
A morte espantosa
Como vem guerreira
E temerosa!

BARROCO

O Barroco é contemporâneo, em Portugal, da dominação espanhola, iniciada em 1580 com a ascensão ao trono português do rei Felipe II, de Espanha. Restaurada em 1640 por D. João IV, a frágil soberania portuguesa é consolidada, em grande parte, graças à riqueza proveniente do ouro extraído do Brasil, durante o reinado de Dom João V (1706-1750). Este estilo antitético e paradoxal, lúdico e dramático, é o meio ideal para que se traduzam estas tensões. No Brasil, o estilo barroco é dominante no período em que começam a aparecer, na língua dos colonizadores, as primeiras manifestações artísticas de importância estética.

Foi a partir do final do século XVI, quando o estilo barroco já predominava na arte europeia, que surgiram as primeiras manifestações realmente artísticas, menos pragmáticas, em solo brasileiro.

A flexibilidade deste estilo repleto de contrastes, capaz de incorporar sugestões estéticas e temáticas da paisagem, tanto natural quanto cultural, do Novo Mundo, fez com que fosse capaz de revelar, ao mesmo tempo, todo o encanto e todo o pânico do homem europeu, que começava a se transformar pela experiência dos trópicos.

Surgem, na literatura, as primeiras manifestações literárias do nativismo, elogio da terra, que iriam, aos poucos, evoluir para uma consciência da diferença em relação a Portugal e à Europa, o que constitui a base do nacionalismo.

O poemeto heroico *Prosopopeia* (Lisboa, 1601), é considerado a obra inicial do Barroco na literatura brasileira. Durante muito tempo, pensou-se que o seu autor, Bento Teixeira, fosse natural de Recife, cidade descrita no poema, que narra um naufrágio sofrido por Jorge Albuquerque Coelho, donatário da Capitania de Pernambuco. Mas hoje admite-se que teria nascido em Portugal, embora tivesse morado a maior parte da vida em Recife. Embora de inegável valor histórico, como marco inicial do primeiro estilo de época a penetrar na literatura brasileira, a crítica tem atribuído pouco valor literário à *Prosopopeia* em si.

GREGÓRIO DE MATOS
(1636? – 1696)

Gregório de Matos e Guerra nasceu, de família abastada, em Salvador, provavelmente em 1636. Em 1651 foi para Portugal, onde ingressou, em 1652, na Universidade de Coimbra. Formando-se em 1661, casa-se com Micaela de Andrade e ocupa vários cargos na magistratura portuguesa. Enviúva em 1678 e retorna para o Brasil, abatido e desiludido, em 1681. Em Salvador, leva uma vida desregrada, improvisando poemas acompanhado de viola e satirizando os poderosos. Casa-se com Maria dos Povos e é banido, provavelmente em 1694, para Angola. Um ano depois, volta ao Brasil, mas, impedido de regressar a Salvador, vai para Recife, onde morre no ano seguinte. Há muitas dúvidas tanto sobre sua vida quanto sobre a autoria real de muitos dos poemas a ele atribuídos. Podemos mesmo dizer, como o fez James Amado, que o Gregório de Matos que chegou aos nossos dias não é um só homem, mas "a poesia da época chamada Gregório de Matos".

Os poemas de Gregório de Matos, mesmo apresentando influências do Barroco espanhol, de Gôngora e Quevedo, são originalíssimos na descrição bem-humorada da terra brasileira, no deboche à política baiana e no uso de vocabulário indígena. Gregório jamais publicou um poema em vida. Sua obra só começou a ser publicada em 1831 e só o foi, integralmente, por James Amado, em 1968, que reuniu os textos espalhados em diversos códices. A sua obra sobreviveu graças à memória coletiva dos seus admiradores baianos, que a registraram com inúmeras incorreções e prováveis alterações. A imensa produção de Gregório de Matos já foi classificada de diversas maneiras. Nesta antologia a dividimos em dois grandes blocos: Poesia Satírica, pela qual recebeu o epíteto de *O Boca do Inferno*, e Poesia Lírica. Os primeiros dez poemas apresentam a Lírica Amorosa, em poemas dedicados a musas como Custódia, D. Ângela, Caterina e sua segunda esposa, Maria dos Povos.

Chamam a atenção, entre os poemas amorosos de Gregório de Matos, aqueles dedicados a D. Ângela. Belíssima, a musa atrai o eu lírico, que revela todo o sentimento de culpa por desejá-la sexualmente. A mulher barroca não é apenas o anjo celestial e distante ("Anjo no nome"), mas também a flor terrena e sensual ("Angélica na cara"). Em seguida, temos a Lírica Reflexiva, que versa sobre a vaidade, a brevidade da vida, e outros temas caros à sensibilidade barroca, mas não relacionados diretamente ao amor ou à religião. Por fim, encontramos a Lírica Religiosa, marcada pelo sentimento de culpa típico do período da Contrarreforma.

A Poesia Satírica pode ser dividida em: Sátira Social e Política e Poesia Erótico-irônica. Entre os primeiros, estão os versos compostos contra os governantes da Bahia; entre os Erótico-irônicos, as composições fesceninas, pornográficas.

POESIA LÍRICA

CUSTÓDIA

Ai, Custódia! sonhei, não sei se o diga:
Sonhei, que entre meus braços vos gozava.
Oh se verdade fosse, o que sonhava!
Mas não permite Amor, que eu tal consiga.

O que anda no cuidado, e dá fadiga,
Entre sonhos Amor representava
No teatro da noite, que apartava
A alma dos sentidos, doce liga.

Acordei eu, e feito sentinela
De toda a cama, pus-me uma peçonha,
Vendo-me só sem vós, e em tal mazela.

E disse, porque o caso me envergonha,
Trabalho tem, quem ama, e se desvela,
E muito mais quem dorme, e em falso sonha.

ADMIRÁVEL EXPRESSÃO
QUE FAZ O POETA DE SEU
ATENCIOSO SILÊNCIO

Largo em sentir, em respirar sucinto
Peno, e calo tão fino, e tão atento,
Que fazendo disfarce do tormento
Mostro, que o não padeço, e sei, que o sinto.

O mal, que fora encubro, ou que desminto,
Dentro no coração é, que o sustento,
Com que para penar é sentimento,
Para não se entender é labirinto.

Ninguém sufoca a voz nos seus retiros;
Da tempestade é o estrondo efeito:
Lá tem ecos a terra, o mar suspiros.

Mas oh do meu segredo alto conceito!
Pois não me chegam a vir à boca os tiros
Dos combates, que vão dentro no peito.

PINTURA ADMIRÁVEL DE UMA BELEZA

Vês esse Sol de luzes coroado?
Em pérolas a Aurora convertida?
Vês a Lua de estrelas guarnecida?
Vês o Céu de Planetas adorado?

O Céu deixemos; vês naquele prado
A Rosa com razão desvanecida?
A Açucena por alva presumida?
O Cravo por galã lisonjeado?

Deixa o prado; vem cá, minha adorada,
Vês desse mar a esfera cristalina
Em sucessivo aljôfar desatada?

Parece aos olhos ser de prata fina?
Vês tudo isto bem? pois tudo é nada
À vista do teu rosto, Caterina.

À D. ÂNGELA

Anjo no nome, Angélica na cara,
Isso é ser flor, e Anjo juntamente,
Ser Angélica flor, e Anjo florente,
Em quem, senão em vós se uniformara?

Quem veria uma flor, que a não cortara
De verde pé, de rama florescente?
E quem um Anjo vira tão luzente,
Que por seu Deus, o não idolatrara?

Se como Anjo sois dos meus altares,
Fôreis o meu custódio, e minha guarda,
Livrara eu de diabólicos azares.

Mas vejo, que tão bela, e tão galharda,
Posto que os Anjos nunca dão pesares,
Sois Anjo, que me tenta, e não me guarda.

PONDERA AGORA COM MAIS ATENÇÃO A FORMOSURA DE D. ÂNGELA

Não vira em minha vida a formosura,
Ouvia falar nela cada dia,
E ouvida me incitava, e me movia
A querer ver tão bela arquitetura.

Ontem a vi por minha desventura
Na cara, no bom ar, na galhardia
De uma Mulher, que em Anjo se mentia,
De um Sol, que se trajava em criatura.

Me matem (disse então vendo abrasar-me)
Se esta a cousa não é, que encarecer-me.
Sabia o mundo, e tanto exagerar-me.

Olhos meus (disse então por defender-me)
Se a beleza hei de ver para matar-me,
Antes, olhos, cegueis, do que eu perder-me.

À SUA MULHER ANTES DE CASAR

Discreta, e formosíssima Maria,
Enquanto estamos vendo a qualquer hora
Em tuas faces a rosada Aurora,
Em teus olhos, e boca o Sol, e o dia:

Enquanto com gentil descortesia
O ar, que fresco Adônis te namora,
Te espalha a rica trança voadora,
Quando vem passear-te pela fria:

Goza, goza da flor da mocidade,
Que o tempo trota a toda ligeireza,
E imprime em toda a flor sua pisada.

Oh não aguardes, que a madura idade
Te converta essa flor, essa beleza
Em terra, em cinza, em pó, em sombra, em nada.

AOS AFETOS E LÁGRIMAS DERRAMADAS NA AUSÊNCIA DA DAMA A QUEM QUERIA BEM

Ardor em coração firme nascido!
Pranto por belos olhos derramado!
Incêndio em mares de água disfarçado!
Rio de neve em fogo convertido!

Tu, que um peito abrasas escondido,
Tu, que em um rosto corres desatado,
Quando fogo em cristais aprisionado,
Quando cristal em chamas derretido.

Se és fogo, como passas brandamente?
Se és neve, como queimas com porfia?
Mas ai! Que andou Amor em ti prudente.

Pois para temperar a tirania,
Como quis, que aqui fosse a neve ardente,
Permitiu, parecesse a chama fria.

AO MESMO ASSUNTO
E NA MESMA OCASIÃO

Corrente, que do peito destilada
Sois por dois belos olhos despedida,
E por carmim correndo dividida
Deixais o ser, levais a cor mudada.

Não sei, quando caís precipitada
As flores, que regais, tão parecida,
Se sois neve por rosa derretida,
Ou se a rosa por neve desfolhada.

Essa enchente gentil de prata fina,
Que de rubi por conchas se dilata,
Faz troca tão diversa, e peregrina,

Que no objeto, que mostra, e que retrata,
Mesclando a cor purpúrea, e cristalina,
Não sei, quando é rubi, ou quando é prata.

DESCREVE O LABIRINTO CONFUSO
DE SUAS DESCONFIANÇAS

Ó caos confuso, labirinto horrendo,
Onde não topo luz, nem fio amando,
Lugar de glória, aonde estou penando,
Casa da morte, aonde estou vivendo!

Ó voz sem distinção, Babel tremendo,
Pesada fantasia, sono brando,
Onde o mesmo, que toco, estou sonhando,
Onde o próprio, que escuto, não entendo!

Sempre és certeza, nunca desengano,
E a ambas propensões, com igualdade
No bem te não penetro, nem no dano.

És ciúme martírio da vontade,
Verdadeiro tormento para engano,
E cega presunção para verdade.

CHORA O POETA DE UMA VEZ
PERDIDAS AS ESPERANÇAS

A Deus vão pensamento, a Deus cuidado,
Que eu te mando de casa despedido,
Porque sendo de uns olhos bem nascido,
Foste com desapego mal criado.

Nasceste de um acaso não pensado,
E cresceu-te um olhar pouco advertido,
Criou-te o esperar de um entendido,
E às mãos morreste de um desesperado:

Ícaro foste, que atrevidamente
Te remontaste à esfera de luz pura,
De onde te arrojou teu voo ardente.

Fiar no sol, é irracional loucura,
Porque nesse brandão dos céus luzente
Falta a razão, se sobra a formosura.

QUEIXA-SE O POETA QUE O MUNDO VAI ERRADO E, QUERENDO EMENDÁ-LO, O TEM POR EMPRESA DIFICULTOSA

Carregado de mim ando no mundo,
E o grande peso embarga-me as passadas,
Que como ando por vias desusadas,
Faço o peso crescer, e vou-me ao fundo.

O remédio será seguir o imundo
Caminho, onde dos mais vejo as pisadas,
Que as bestas andam juntas mais ousadas,
Do que anda só o engenho mais profundo.

Não é fácil viver entre os insanos,
Erra, quem presumir, que sabe tudo,
Se o atalho não soube dos seus danos.

O prudente varão há de ser mudo,
Que é melhor neste mundo em mar de enganos
Ser louco cos demais, que ser sisudo.

MORALIZA O POETA, NOS OCIDENTES DO SOL, A INCONSTÂNCIA DOS BENS DO MUNDO

Nasce o Sol, e não dura mais que um dia,
Depois da Luz se segue a noite escura,
Em tristes sombras morre a formosura,
Em contínuas tristezas a alegria.

Porém se acaba o Sol, por que nascia?
Se formosa a Luz é, por que não dura?
Como a beleza assim se transfigura?
Como o gosto da pena assim se fia?

Mas no Sol, e na Luz, falte a firmeza,
Na formosura não se dê constância,
E na alegria sinta-se tristeza.

Começa o mundo enfim pela ignorância,
E tem qualquer dos bens por natureza
A firmeza somente na inconstância.

AO BRAÇO DO MENINO JESUS
QUANDO APARECIDO

O todo sem a parte não é todo,
A parte sem o todo não é parte,
Mas se a parte o faz todo, sendo parte,
Não se diga, que é parte, sendo todo.

Em todo o Sacramento está Deus todo,
E todo assiste inteiro em qualquer parte,
E feito em partes todo em toda a parte,
Em qualquer parte sempre fica o todo.

O braço de Jesus não seja parte,
Pois que feito Jesus em partes todo,
Assiste cada parte em sua parte.

Não se sabendo parte deste todo,
Um braço, que lhe acharam, sendo parte,
Nos disse as partes todas deste todo.

A N. SENHOR JESUS CRISTO COM ATOS DE ARREPENDIDO E SUSPIROS DE AMOR

Ofendi-vos, meu Deus, bem é verdade,
É verdade, meu Deus, que hei delinquido,
Delinquido vos tenho, e ofendido,
Ofendido vos tem minha maldade.

Maldade, que encaminha à vaidade,
Vaidade, que todo me há vencido;
Vencido quero ver-me, e arrependido,
Arrependido a tanta enormidade.

Arrependido estou de coração,
De coração vos busco, dai-me os braços,
Abraços, que me rendem vossa luz.

Luz, que claro me mostra a salvação,
A salvação pretendo em tais abraços,
Misericórdia, Amor, Jesus, Jesus!

AO MESMO ASSUNTO
E NA MESMA OCASIÃO

Pequei, Senhor, mas não .porque hei pecado,
Da vossa piedade me despido,
Porque quanto mais tenho delinquido,
Vos tenho a perdoar mais empenhado.

Se basta a vos irar tanto um pecado,
A abrandar-vos sobeja um só gemido,
Que a mesma culpa, que vos há ofendido,
Vos tem para o perdão lisonjeado.

Se uma ovelha perdida, e já cobrada
Glória tal, e prazer tão repentino
Vos deu, como afirmais na Sacra História:

Eu sou, Senhor, a ovelha desgarrada
Cobrai-a, e não queirais, Pastor divino,
Perder na vossa ovelha a vossa glória.

NO SERMÃO QUE PREGOU NA MADRE DE DEUS D. JOÃO FRANCO DE OLIVEIRA, PONDERA O POETA A FRAGILIDADE HUMANA

Na oração, que desaterra .... aterra
Quer Deus, que, a quem está o cuidado ..... dado
Pregue, que a vida é emprestado .... estado
Mistérios mil, que desenterra. .... enterra.

Quem não cuida de si, que é terra .... erra
Que o alto Rei por afamado .... amado,
E quem lhe assiste ao desvelado .... lado
Da morte ao ar não desaferra .... aferra.

Quem do mundo a mortal loucura .... cura,
A vontade de Deus sagrada .... agrada,
Firmar-lhe a vida em atadura .... dura.

Ó voz zelosa, que dobrada .... brada,
Já sei, que a flor da formosura .... usura
Será no fim desta jornada .... nada.

POESIA SATÍRICA

À CIDADE DA BAHIA

Triste Bahia! Oh quão dessemelhante
Estás, e estou do nosso antigo estado!
Pobre te vejo a ti, tu a mi empenhado,
Rica te vejo eu já, tu a mi abundante.

A ti trocou-te a máquina mercante,
Que em tua larga barra tem entrado,
A mim foi-me trocando, e tem trocado
Tanto negócio, e tanto negociante.

Deste em dar tanto açúcar excelente
Pelas drogas inúteis, que abelhuda
Simples aceitas do sangaz Brichote.

Oh se quisera Deus, que de repente
Um dia amanheceras tão sisuda
Que fora de algodão o teu capote!

DESCREVE O QUE ERA
REALMENTE NAQUELE TEMPO
A CIDADE DA BAHIA

A cada canto um grande conselheiro,
Que nos quer governar a cabana, e vinha,
Não sabem governar sua cozinha,
E podem governar o mundo inteiro.

Em cada porta um frequentado olheiro,
Que a vida do vizinho, e da vizinha
Pesquisa, escuta, espreita, e esquadrinha,
Para a levar à Praça, e ao Terreiro.

Muitos Mulatos desavergonhados,
Trazidos pelos pés os homens nobres,
Posta nas palmas toda a picardia.

Estupendas usuras nos mercados,
Todos, os que não furtam, muito pobres,
E eis aqui a cidade da Bahia.

DEFINE A SUA CIDADE

MOTE

*De dous ff se compõe
esta cidade a meu ver
um furtar, outro foder.*

1. Recopilou-se o direito,
e quem o recopilou
com dous ff o explicou
por estar feito, e bem feito:
por bem Digesto, e Colheito
só com dous ff o expõe,
e assim quem os olhos põe
no trato, que aqui se encerra,
há de dizer que esta terra
De dous ff se compõe.

2. Se de dous ff composta
está a nossa Bahia,
errada a ortografia
a grande dano está posta:
eu quero fazer aposta,
e quero um tostão perder,
que isso a há de preverter,
se o furtar e o foder bem
não são os ff que tem
Esta cidade a meu ver.

3. Provo a conjetura já
prontamente como um brinco:
Bahia tem letras cinco
que são B-A-H-I-A:
logo ninguém me dirá
que dous ff chega a ter,
pois nenhum contém sequer,
salvo se em boa verdade
são os ff da cidade
um furtar, outro foder.

DA CANALHA PERSEGUIDORA
CONTRA OS HOMENS SÁBIOS

Que me quer o Brasil, que me persegue?
Que me querem pasguates, que me invejam?
Não veem, que os entendidos me cortejam,
E que os Nobres, é gente que me segue?

Com o seu ódio a canalha, que consegue?
Com sua inveja os néscios que mortejam?
Se quando os néscios por meu mal mourejam,
Fazem os sábios, que a meu mal me entregue.

Isto posto, ignorantes, e canalha
Se ficam por canalha, e ignorantes
No rol das bestas a roerem palha.

E se os senhores nobres, e elegantes
Não querem que o soneto vá de valha,
Não vá, que tem terríveis consoantes.

CONTEMPLANDO AS COISAS
DO MUNDO DESDE O SEU RETIRO

Neste mundo é mais rico, o que mais rapa:
Quem mais limpo se faz, tem mais carepa:
Com sua língua ao nobre o vil decepa:
O Velhaco maior sempre tem capa.

Mostra o patife da nobreza o mapa:
Quem tem mão de agarrar, ligeiro trepa;
Quem menos falar pode, mais increpa:
Quem dinheiro tiver, pode ser Papa.

A flor baixa se inculca por Tulipa;
Bengala hoje na mão, ontem garlopa:
Mais isento se mostra, o que mais chupa.

Para a tropa do trapo vazo a tripa,
E mais não digo, porque a Musa topa
Em apa, epa, ipa, opa, upa.

À DESPEDIDA DO MAU GOVERNO
QUE FEZ ESTE GOVERNADOR

Senhor Antão de Sousa de Meneses,
Quem sobe a alto lugar, que não merece,
Homem sobe, asno vai, burro parece,
Que o subir é desgraça muitas vezes.

A fortunilha autora de entremezes
Transpõe em burro o Herói, que indigno cresce
Desanda a roda, e logo o homem desce,
Que é discreta a fortuna em seus reveses.

Homem (sei eu) que foi Vossenhoria,
Quando o pisava da fortuna a Roda,
Burro foi ao subir tão alto clima.

Pois vá descendo do alto, onde jazia,
Verá, quanto melhor se lhe acomoda
Ser home em baixo, do que burro em cima.

A CERTA PERSONAGEM DESVANECIDA: D. LUÍS DE MENESES, CONDE DE ERICEIRA

Um soneto começo em vosso gabo;
Contemos esta regra por primeira,
Já lá vão duas, e esta é a terceira,
Já este quartetinho está no cabo.

Na quinta torce agora a porca o rabo:
A sexta vá também desta maneira,
na sétima entro já com grã canseira,
E saio dos quartetos muito brabo.

Agora nos tercetos que direi?
Direi, que vós, Senhor, a mim me honrais,
Gabando-vos a vós, e eu fico um Rei.

Nesta vida um soneto já ditei,
Se desta agora escapo, nunca mais;
Louvado seja Deus, que o acabei.

AO GOVERNADOR ANTÔNIO LUÍS

Sal, cal, e alho
caiam no teu maldito caralho. Amém.
O fogo de Sodoma e Gomorra
em cinza te reduzam esta porra. Amém.
Tudo em fogo arda,
Tu, e teus filhos, e o Capitão da Guarda.

AO CAPITÃO SEVANDIJA DO PARNASO

Meu Senhor Sete Carreiras
você não é bom Poeta,
quando o juízo inquieta
em fazer tantas asneiras:
oxalá que em caganeiras
lhe dera a sua poesia,
porque então a não faria,
ou a fazê-la de noite
eu lhe dera tanto açoite,
que lhe apurara a Talia.

AOS PRINCIPAIS DA BAHIA
CHAMADOS OS CARAMURUS

Há cousa como ver um Paiaiá
Mui prezado de ser Caramuru,
Descendente de sangue de Tatu,
Cujo torpe idioma é cobé pá.

A linha feminina é carimá
Moqueca, pititinga caruru
Mingau de puba, e vinho de caju
Pisado num pilão de Piraguá.

A masculina é um Aricobé
Cuja filha Cobé um branco Paí
Dormiu no promontório de Passé.

O Branco era um marau, que veio aqui,
Ela era uma Índia de Maré
Cobé pá, Aricobé, Cobé Paí.

DESCREVE A VIDA ESCOLÁSTICA

Mancebo sem dinheiro, bom barrete,
Medíocre o vestido, bom sapato,
Meias velhas, calção de esfola-gato,
Cabelo penteado, bom topete.

Presumir de dançar, cantar falsete,
Jogo de fidalguia, bom barato,
Tirar falsídia ao Moço do seu trato,
Furtar a carne à ama, que promete.

A putinha aldeã achada em feira,
Eterno murmurar de alheias famas,
Soneto infame, sátira elegante.

Cartinhas de trocado para a Freira,
Comer boi, ser Quixote com as Damas,
Pouco estudo, isto é ser estudante.

A UMA FREIRA, QUE SATIRIZANDO A DELGADA FISIONOMIA DO POETA, LHE CHAMOU PICA-FLOR

Se Pica-flor me chamais,
Pica-flor aceito ser,
mas resta agora saber,
se no nome, que me dais,
meteis a flor, que guardais
no passarinho melhor!
se me dais este favor,
sendo só de mim o Pica,
e o mais vosso, claro fica,
que fico então Pica-flor.

TEVE O POETA NOTÍCIA QUE SEBASTIÃO DA ROCHA PITTA, SENDO RAPAZ, SE ESTRAGAVA COM BRITES

Brás pastor inda donzelo,
querendo descabaçar-se,
viu Betica a recrear-se
vinda ao prado de amarelo:
e tendo duro o pinguelo,
foi lho metendo já nu,
fossando como Tatu:
gritou Brites, inda bem,
que tudo sofre, quem tem
rachadura junto ao cu.

NECESSIDADES FORÇOSAS
DA NATUREZA HUMANA

Descarto-me da tronga, que me chupa,
Corro por um conchego todo o mapa,
O ar da feia me arrebata a capa,
O gadanho da limpa até a garupa.

Busco uma Freira, que me desentupa
A via, que o desuso às vezes tapa,
Topo-a, topando-a todo o bolo rapa,
Que as cartas lhe dão sempre com chalupa.

Que hei de fazer, se sou de boa cepa,
E na hora de ver repleta a tripa,
Darei, por quem ma vaze toda Europa?

Amigo, quem se alimpa da carepa,
Ou sofre uma muchacha, que o dissipa,
Ou faz da sua mão sua cachopa.

DEFINIÇÃO DE POTÊNCIAS

Trique trique, zapete, zapete.

O casado de enfadado
por não ter, a quem lhe aplique
anda já tão desleixado,
que inda depois de deitado
não faz senão trique trique.

O soldado de lampeiro,
quando chega ao batedouro,
vai lhe sacudindo o couro,
e com a força, que bate
faz trique zapete zapete.

O Frade, que tudo sabe,
e corre os caminhos todos,
vai dando por vários modos,
e olhando por toda a parte,
e faz trique zapete zapete.

BOTELHO DE OLIVEIRA
(1636 – 1711)

Tudo indica que o primeiro autor nascido no Brasil a ter um livro publicado foi Manuel Botelho de Oliveira, natural de Salvador, cujo volume *Música do Parnaso*, composto por poemas em português, espanhol, latim e italiano, foi impresso em Lisboa em 1705. Filho de família abastada, após se formar em Direito na Universidade de Coimbra, retornou à Bahia, onde advogou, ocupou o cargo de vereador e se tornou conhecido também como agiota. Botelho de Oliveira é o mais destacado seguidor do cultismo de Góngora na poesia barroca brasileira. Nesta antologia, incluem-se seu retrato exagerado da querida Anarda, sua descrição metafórica da vaidade e um fragmento do poema *A Ilha de Maré*, em que registrou um dos primeiros elogios poéticos à terra brasileira. Nisso, foi seguido pelo Frei Manuel de Santa Maria Itaparica (1704-1770?), natural da Ilha de Itaparica, que publicou, em data incerta (1769?), sua *Descrição da Ilha de Itaparica*, em oitava rima camoniana.

PONDERAÇÃO DO ROSTO
E OLHOS DE ANARDA

Quando vejo de Anarda o rosto amado,
Vejo ao Céu e ao jardim ser parecido;
Porque no assombro do primor luzido
Tem o Sol em seus olhos duplicado.

Nas faces considero equivocado
De açucenas e rosas o vestido;
Porque se vê nas faces reduzido
Todo o Império de Flora venerado.

Nos olhos e nas faces mais galharda
Ao Céu prefere quando inflama os raios,
E prefere ao jardim, se as flores guarda:

Enfim dando ao jardim e ao Céu desmaios,
O Céu ostenta um Sol; dous sóis Anarda,
Um Maio o jardim logra; ela dous Maios.

A UM GRANDE SUJEITO
INVEJADO E APLAUDIDO

Temerária, soberba, confiada,
Por altiva, por densa, por lustrosa,
A exaltação, a névoa, a mariposa,
Sobe ao sol, cobre o dia, a luz lhe enfada.

Castigada, desfeita, malograda,
Por ousada, por débil, por briosa,
Ao raio, ao resplandor, à luz fermosa,
Cai triste, fica vã, morre abrasada.

Contra vós solicita, empenha, altera,
Vil afeto, ira cega, ação perjura,
Forte ódio, rumor falso, inveja fera.

Este cai, morre aquele, este não dura,
Que em vós logra, em vós acha, em vós
venera,
Claro sol, dia cândido, luz pura.

À ILHA DE MARÉ

(fragmento)

Tenho explicado as fruitas e legumes,
Que dão a Portugal muitos ciúmes;
Tenho recopilado
O que o Brasil contém para invejado,
E para preferir a toda a terra,
Em si perfeitos quatro AA encerra.
Tem o primeiro A nos arvoredos
Sempre verdes aos olhos, sempre ledos;
Tem o segundo A nos ares puros,
Na tempérie agradáveis e seguros;
Tem o terceiro A nas águas frias,
Que refrescam o peito e são sadias;
O quarto A no açúcar deleitoso,
Que é do Mundo o regalo mais mimoso.

São pois os quatro AA por singulares
Arvoredos, Açúcar, Águas, Ares.
(...)

ARCADISMO

A fundação da Arcádia Lusitana, em 1756, nos moldes da Arcádia Romana, de 1690, marca o início do período árcade na literatura luso-brasileira. O termo Arcádia foi tomado emprestado da região central do Peloponeso, na Grécia, caracterizada pelo pastoreio e pelo clima ameno. Durante o século XVIII, era assim que se designavam as academias, ou associações de escritores, criadas com o intuito de combater o "mau gosto" barroco, o exagero cultista, através da implantação do neoclassicismo literário. A Arcádia Lusitana, por exemplo, tinha como lema "inutilia truncat", cortar o inútil.

Adotando pseudônimos pastoris, os poetas árcades fingiam-se pastores bucólicos que se expressavam através de "topoi", ou clichês, como o "Fugere Urbem" – fugir da cidade; o "Locus Amoenus" – local ameno, campestre, agradável e perfeito; a "Aurea Mediocritas" – equilíbrio de ouro, marcado pela ausência de emoções fortes; e o "Carpe Diem" – aproveitar o dia, ou o momento, mas sempre dentro dos padrões clássicos de moderação.

A descoberta do ouro em Minas Gerais no final do século XVII transferiu o centro econômico do Brasil para a região de Vila Rica, atual Ouro Preto. Em busca do ouro, houve um influxo populacional nunca antes visto. Com isso, ocorreu também a afluência de artistas e artesãos europeus contratados para construir os monumentos, especialmente igrejas, que marcavam o súbito enriquecimento.

No transcorrer do século XVIII, a extração do ouro foi se reduzindo drasticamente. As condições econômicas e sociais se deterioraram. Esse processo leva ao isolamento dos artífices mineiros, que criam um estilo arquitetônico e artístico típico da região, dando continuidade ao Barroco aprendido dos europeus, quando a Europa já se vê inundada pelo Neoclassicismo. Antônio Francisco Lisboa (1730-1814), o Aleijadinho, é o melhor exemplo deste fenômeno.

Já as famílias mais abastadas continuam a mandar seus filhos para estudar na Europa, onde entram em contato com o Neoclassicismo dominante. Os poetas árcades de Minas Gerais, pertencentes à elite, criam sua obra de combate ao Barroco literário no mesmo momento em que as obras-primas do Barroco mineiro arquitetônico estavam sendo construídas.

O conflito entre Barroco e Arcadismo presente em Vila Rica é apresentado nos sonetos de Cláudio Manuel da Costa, poeta de transição, que se revela incapaz de se desligar da retórica barroca e das pedras da paisagem pedregosa de sua terra natal.

O processo de empobrecimento da região cria, também, conflitos políticos graves. Inadimplente, a população local atrasa os impostos devidos à coroa portuguesa. Com a aproximação da derrama, cobrança violenta das taxas em atraso, cria-se o cenário propício para uma revolução. Juristas intelectuais e poetas, sacerdotes esclarecidos e militares descontentes, estimulados pelas notícias da

Independência das treze colônias inglesas americanas, em 1776, passam a cogitar uma revolta. Antes que colocassem qualquer ideia em ação, são punidos com violência pela coroa portuguesa.

No processo, que se convencionou chamar de Inconfidência Mineira (1789), foram envolvidos os poetas Cláudio Manuel da Costa, Tomás Antônio Gonzaga e Alvarenga Peixoto, incluídos nesta antologia.

CLÁUDIO MANUEL DA COSTA
(1729 – 1789)

Introdutor do Arcadismo no Brasil com *Obras Poéticas* (1768), Cláudio Manuel da Costa estudou em Coimbra, onde testemunhou a fundação da *Arcádia Lusitana*. Rico advogado, trabalhou na sua Mariana natal e estabeleceu-se em Vila Rica, onde reuniu em torno de si os intelectuais da região. Chegou a fundar, em 1768, uma *Arcádia Ultramarina*. Ainda muito preso às imagens, segundo ele mesmo, exageradas do Barroco, e sem conseguir se desligar das "pedras" do cenário inóspito de sua região natal, Cláudio foi um poeta de transição. Adota o pseudônimo de Glauceste Satúrnio e revela-se frustrado com sua própria obra: "vejo e aprovo o melhor, mas sigo o contrário na execução". Foi, no entanto, fundamental para a propagação das ideias neoclássicas no Brasil. Foi preso em 1789, acusado de reunir os conjurados da Inconfidência Mineira. Após delatar seus companheiros, é encontrado morto em sua cela na Casa dos Contos, em Vila Rica. Seu suicídio é até hoje nebuloso.

SONETOS

II

Leia a posteridade, ó pátrio Rio,
Em meus versos teu nome celebrado,
Porque vejas uma hora despertado
O sono vil do esquecimento frio:

Não vês nas tuas margens o sombrio,
Fresco assento de um álamo copado;
Não vês Ninfa cantar, pastar o gado,
Na tarde clara do calmoso estio.

Turvo, banhando as pálidas areias,
Nas porções do riquíssimo tesouro
O vasto campo da ambição recreias.

Que de seus raios o Planeta louro,
Enriquecendo o influxo em tuas veias
Quanto em chamas fecunda, brota em ouro.

VI

Brandas ribeiras, quanto estou contente
De ver-vos outra vez, se isto é verdade!
Quanto me alegra ouvir a suavidade,
Com que Fílis entoa a voz cadente!

Os rebanhos, o gado, o campo, a gente,
Tudo me está causando novidade:
Oh! como é certo que a cruel saudade
Faz tudo, do que foi, mui diferente!

Recebi (eu vos peço) um desgraçado,
Que andou té agora por incerto giro,
Correndo sempre atrás do seu cuidado:

Este pranto, estes ais com que respiro,
Podendo comover o vosso agrado,
Façam digno de vós o meu suspiro.

VII

Onde estou? Este sítio desconheço:
Quem fez tão diferente aquele prado?
Tudo outra natureza tem tomado,
E em contemplá-lo, tímido, esmoreço.

Uma fonte aqui houve; eu não me esqueço
De estar a ela um dia reclinado;
Ali em vale um monte está mudado:
Quanto pode dos anos o progresso!

Árvores aqui vi tão florescentes,
Que faziam perpétua a primavera:
Nem troncos vejo agora decadentes.

Eu me engano: a região esta não era;
Mas que venho a estranhar, se estão presentes
Meus males, com que tudo degenera!

XIV

Quem deixa o trato pastoril, amado,
Pela ingrata, civil correspondência,
Ou desconhece o rosto da violência,
Ou do retiro a paz não tem provado.

Que bem é ver nos campos, trasladado
No gênio do Pastor, o da inocência!
E que mal é no trato, e na aparência
Ver sempre o cortesão dissimulado!

Ali respira Amor sinceridade;
Aqui sempre a traição seu rosto encobre;
Um só trata a mentira, outro a verdade.

Ali não há fortuna que soçobre;
Aqui quanto se observa é variedade:
Oh! ventura do rico! oh! bem do pobre!

LXXII

Já rompe, Nise, a matutina Aurora
O negro manto, com que a noite escura,
Sufocando do Sol a face pura,
Tinha escondido a face brilhadora.

Que alegre, que suave, que sonora
Aquela fontezinha aqui murmura!
E nestes campos cheios de verdura
Que avultado o prazer tanto melhora!

Só minha alma em fatal melancolia,
Por te não poder ver, Nise adorada,
Não sabe inda que coisa é alegria;

E a suavidade do prazer trocada
Tanto mais aborrece a luz do dia,
Quanto a sombra da noite mais lhe agrada.

XCVIII

Destes penhascos fez a natureza
O berço em que nasci: oh! quem cuidara
Que entre penhas tão duras se criara
Uma alma terna, um peito sem dureza!

Amor, que vence os tigres, por empresa
Tomou logo render-me; ele declara
Contra o meu coração guerra tão rara,
Que não me foi bastante a fortaleza.

Por mais que eu mesmo conhecesse o dano,
A que dava ocasião minha brandura,
Nunca pude fugir ao cego engano:

Vós, que ostentais a condição mais dura,
Temei, penhas, temei, que Amor tirano,
Onde há mais resistência, mais se apura.

BASÍLIO DA GAMA
(1741 – 1795)

Basílio da Gama nasceu em São José del Rei, atual Tiradentes, Minas Gerais. Estudou com os jesuítas no Rio de Janeiro até que estes foram expulsos do Brasil. Vai para a Itália, onde ingressa na Arcádia Romana e adota o pseudônimo de Termindo Sipílio. Escapa de acusações de jesuitismo escrevendo um poema de louvor ao casamento da filha do todo-poderoso Marquês de Pombal.

Protegido pelo "déspota esclarecido", publica, em 1769, sua obra-prima, *O Uraguay*. Narrando o massacre dos índios no episódio de Sete Povos das Missões, o poema épico, escrito em versos brancos, destaca as figuras heroicas dos índios Cacambo e Lindoya, cujo fim trágico é fruto da maldade atroz do jesuíta Pe. Balda. Nesta antologia, apresentamos o mais conhecido fragmento do poema épico, em que Basílio da Gama narra a morte de Lindoya, claramente remetendo a modelos clássicos, como o suicídio de Cleópatra.

Ao fazer o elogio do índio brasileiro, Basílio da Gama já apresenta traços pré-românticos, antecipando o Indianismo de Gonçalves Dias e José de Alencar.

SONETO A UMA SENHORA QUE O AUTOR CONHECEU NO RIO DE JANEIRO E VIU DEPOIS NA EUROPA

Na idade em que eu, brincando entre os pastores,
Andava pela mão e mal andava,
Uma ninfa comigo então brincava,
Da mesma idade e bela como as flores.

Eu com vê-la sentia mil ardores,
Ela punha-se a olhar e não falava;
Qualquer de nós podia ver que amava,
Mas quem sabia então que eram amores?

Mudar de sítio à ninfa já convinha,
Foi-se a outra ribeira; e eu naquela
Fiquei sentindo a dor que n'alma tinha.

Eu cada vez mais firme, ela mais bela;
Não se lembra ela já de que foi minha,
Eu ainda me lembro que sou dela!...

SONETO A TUPAC AMARU

Dos curvos arcos açoitando os ares
Voa a seta veloz do Índio adusto;
O horror, a confusão, o espanto, o susto,
Passam da terra, e vão gelar os mares.

Ferindo a vista os trêmulos cocares,
Animoso esquadrão de Chefe Augusto,
Rompe as cadeias do Espanhol injusto
E torna a vindicar os pátrios lares.

Inca valente, generoso Indiano!
Ao Real sangue, que te alenta as veias,
Une a memória do paterno dano.

Honra as cinzas de dor, de injúrias cheias,
Qu'inda fumando a morte, o roubo, o engano,
Clamam vingança as tépidas areias.

SONETO A UMA SENHORA
NATURAL DO RIO DE JANEIRO,
ONDE SE ACHAVA ENTÃO O AUTOR

Já, Marília cruel, me não maltrata
Saber que usas comigo de cautelas,
Que inda te espero ver, por causa delas,
Arrependida de ter sido ingrata:

Com o tempo, que tudo desbarata,
Teus olhos deixarão de ser estrelas;
Verás murchar no rosto as faces belas,
E as tranças d'ouro converter-se em prata.

Pois se sabes que a tua formosura
Por força há de sofrer da idade os danos,
Por que me negas hoje esta ventura?

Guarda para seu tempo os desenganos,
Gozemo-nos agora, enquanto dura,
Já que dura tão pouco a flor dos anos.

O URAGUAY
CANTO QUARTO *(fragmento)*

A Morte de Lindoya

(...)   Não faltava,
Para se dar princípio à estranha festa,
Mais que Lindoya. Há muito lhe preparam
Todas de brancas penas revestidas
Festões de flores as gentis donzelas.
Cansados de esperar, ao seu retiro
Vão muitos impacientes a buscá-la.
Estes de crespa Tanajura aprendem
Que entrara no jardim triste, e chorosa,
Sem consentir que alguém a acompanhasse.
Um frio susto corre pelas veias
De Caitutu, que deixa os seus no campo;
E a irmã por entre as sombras do arvoredo
Busca co'a vista, e teme de encontrá-la.
Entram enfim na mais remota, e interna
Parte de antigo bosque, escuro, e negro,
Onde ao pé de uma lapa cavernosa
Cobre uma rouca fonte, que murmura,
Curva latada de jasmins, e rosas.
Este lugar delicioso, e triste,
Cansada de viver, tinha escolhido
Para morrer a mísera Lindoya.
Lá reclinada, como que dormia,
Na branda relva, e nas mimosas flores,
Tinha a face na mão, e a mão no tronco
De um fúnebre cipreste, que espalhava
Melancólica sombra. Mais de perto
Descobrem que se enrola no seu corpo
Verde serpente, e lhe passeia, e cinge
Pescoço, e braços, e lhe lambe o seio.

Fogem de a ver assim sobressaltados,
E param cheios de temor ao longe;
E nem se atrevem a chamá-la, e temem
Que desperte assustada, e irrite o monstro,
E fuja, e apresse no fugir a morte.
Porém o destro Caitutu, que treme
Do perigo da irmã, sem mais demora
Dobrou as pontas do arco, e quis três vezes
Soltar o tiro, e vacilou três vezes
Entre a ira, e o temor. Enfim sacode
O arco, e faz voar a aguda seta,
Que toca o peito de Lindoya, e fere
A serpente na testa, e a boca, e os dentes
Deixou cravados no vizinho tronco.
Açouta o campo co'a ligeira cauda
O irado monstro, e em tortuosos giros
Se enrosca no cipreste, e verte envolto
Em negro sangue o lívido veneno.
Leva nos braços a infeliz Lindoya
O desgraçado irmão, que ao despertá-la
Conhece, com que dor! no frio rosto
Os sinais do veneno, e vê ferido
Pelo dente sutil o brando peito.
Os olhos, em que Amor reinava, um dia,
Cheios de morte; e muda aquela língua,
Que ao surdo vento, e aos ecos tantas vezes
Contou a larga história de seus males.
Nos olhos Caitutu não sofre o pranto,
E rompe em profundíssimos suspiros,
Lendo na testa da fronteira gruta
De sua mão já trêmula gravado
O alheio crime, e a voluntária morte.
E por todas as partes repetido
O suspirado nome de Cacambo.
Inda conserva o pálido semblante
Um não sei quê de magoado, e triste,
Que os corações mais duros enternece.
Tanto era bela no seu rosto a morte!

TOMÁS ANTÔNIO GONZAGA
(1744 – 1810?)

Nascido no Porto, em Portugal, de pai brasileiro, estudou na Bahia e formou-se em Coimbra. Jurista de rara habilidade, já em 1782 era designado Ouvidor de Vila Rica. Envolvido no processo da Inconfidência, é preso em 1789 e, em 1792, condenado ao degredo em Moçambique, onde logo se casa com a rica herdeira Juliana Mascarenhas. Na África, recupera a fortuna e a influência perdidas e morre, provavelmente em 1810. Embora tenha escrito alguns poemas antes da estada em Vila Rica e apesar de ter produzido algumas obras menores durante o exílio, como o poemeto épico *A Conceição*, foi durante o curto período vivido em Minas Gerais que Gonzaga produziu alguns dos mais significativos poemas do arcadismo luso-brasileiro.

Antes da Inconfidência, Tomás Antônio Gonzaga travou séria disputa política com o governador Luís da Cunha Menezes, contra o qual destilou toda a sua ira nas *Cartas Chilenas*, conjunto de poemas satíricos que circularam em manuscritos anônimos por Vila Rica, assinados por Critilo e dirigidos a Doroteu, contendo críticas severas ao Fanfarrão Minésio (Menezes), governador de Santiago (Vila Rica).

O segredo da autoria das *Cartas Chilenas* foi tão bem guardado que só foi decifrado no final da década de 1950 pelo estudioso Rodrigues Lapa.

A prisão de Gonzaga como inconfidente também marca sua mais famosa obra, os poemas líricos do livro *Marília de Dirceu*. Apaixonado pela jovem Maria Joaquina Doroteia de Seixas, com quem estava de casamento marcado ao ser preso, Gonzaga dedicou-lhe os poemas líricos em que se retrata como Dirceu e à amada como Marília.

Se os poemas da primeira parte de *Marília de Dirceu* apresentam o modelo acabado do equilíbrio neoclássico, os da segunda parte da obra – escrita durante os três anos (1789-1792) vividos por Gonzaga na prisão da Ilha das Cobras, no Rio de Janeiro, aguardando seu julgamento no processo da Inconfidência – revelam um eu-lírico sombrio, sofrendo pelo afastamento forçado da amada e pela incerteza quanto ao futuro. Dirceu, preso, já não se contém no neoclassicismo, mas apresenta-se pré--romântico: melancólico, pessimista e egocêntrico.

MARÍLIA DE DIRCEU

PRIMEIRA PARTE

LIRA I

Eu, Marília, não sou algum vaqueiro,
Que viva de guardar alheio gado,
De tosco trato, de expressões grosseiro,
Dos frios gelos e dos sóis queimado.
Tenho própio casal e nele assisto;
Dá-me vinho, legume, fruta, azeite;
Das brancas ovelhinhas tiro o leite,
E mais as finas lãs, de que me visto.
    Graças, Marília bela,
    Graças à minha Estrela!

Eu vi o meu semblante numa fonte,
Dos anos inda não está cortado;
Os Pastores, que habitam este monte,
Respeitam o poder do meu cajado.
Com tal destreza toco a sanfoninha,
Que inveja até me tem o próprio Alceste:
Ao som dela concerto a voz celeste
Nem canto letra que não seja minha.
    Graças, Marília bela,
    Graças à minha Estrela!

Mas tendo tantos dotes da ventura,
Só apreço lhes dou, gentil Pastora,
Depois que o teu afeto me segura
Que queres do que tenho ser Senhora.
É bom, minha Marília, é bom ser dono

De um rebanho, que cubra monte e prado;
Porém, gentil pastora, o teu agrado
Vale mais que um rebanho, e mais que um trono.
  Graças, Marília bela,
  Graças à minha Estrela!

Os teus olhos espalham luz divina,
A quem a luz do Sol em vão se atreve;
Papoila ou rosa delicada e fina
Te cobre as faces, que são cor da neve.
Os teus cabelos são uns fios d'ouro;
Teu lindo corpo bálsamo vapora.
Ah! não, não fez o Céu, gentil Pastora,
Para Glória de amor igual Tesouro.
  Graças, Marília bela,
  Graças à minha Estrela!

Leve-me a sementeira muito embora
O rio, sobre os campos levantado;
Acabe, acabe a peste matadora,
Sem deixar uma rês, o nédio gado.
Já destes bens, Marília, não preciso
Nem me cega a paixão, que o mundo arrasta;
Para viver feliz, Marília, basta
Que os olhos movas, e me dês um riso.
  Graças, Marília bela,
  Graças à minha Estrela!

Irás a divertir-te na floresta,
Sustentada, Marília, no meu braço;
Ali descansarei a quente sesta,
Dormindo um leve sono em teu regaço;
Enquanto a luta jogam os Pastores,
E emparelhados correm nas campinas,
Toucarei teus cabelos de boninas,
Nos troncos gravarei os teus louvores.
  Graças, Marília bela,
  Graças à minha Estrela!

Depois de nos ferir a mão da Morte,
Ou seja neste monte, ou noutra serra,
Nossos corpos terão, terão a sorte
De consumir os dous a mesma terra.
Na campa, rodeada de ciprestes,
Lerão estas palavras os Pastores:
"Quem quiser ser feliz nos seus amores,
Siga os exemplos, que nos deram estes."
        Graças, Marília bela,
        Graças à minha Estrela!

LIRA II

Pintam, Marília, os Poetas
A um menino vendado,
Com uma aljava de setas,
Arco empunhado na mão;
Ligeiras asas nos ombros,
O tenro corpo despido,
E de Amor ou de Cupido
São os nomes, que lhe dão.

Porém eu, Marília, nego,
Que assim seja Amor, pois ele
Nem é moço nem é cego,
Nem setas, nem asas tem.
Ora pois, eu vou formar-lhe
Um retrato mais perfeito,
Que ele já feriu meu peito;
Por isso o conheço bem.

Os seus compridos cabelos,
Que sobre as costas ondeiam,
São que os de Apolo mais belos;
Mas de loura cor não são.

Têm a cor da negra noite;
E com o branco do rosto
Fazem, Marília, um composto
Da mais formosa união.

Tem redonda e lisa testa,
Arqueadas sobrancelhas
A voz meiga, a vista honesta,
E seus olhos são uns sóis.
Aqui vence Amor ao Céu:
Que no dia luminoso
O Céu tem um Sol formoso,
E o travesso Amor tem dois.

Na sua face mimosa,
Marília, estão misturadas
Purpúreas folhas de rosa,
Brancas folhas de jasmim.
Dos rubins mais preciosos
Os seus beiços são formados;
Os seus dentes delicados
São pedaços de marfim.

Mal vi seu rosto perfeito,
Dei logo um suspiro, e ele
Conheceu haver-me feito
Estrago no coração.
Punha em mim os olhos, quando
Entendia eu não olhava;
Vendo que o via, baixava
A modesta vista ao chão.

Chamei-lhe um dia formoso;
Ele, ouvindo os seus louvores,
Com um modo desdenhoso
Se sorriu e não falou.
Pintei-lhe outra vez o estado,

Em que estava esta alma posta;
Não me deu também resposta,
Constrangeu-se e suspirou.

Conheço os sinais; e logo,
Animado da esperança,
Busco dar um desafogo
Ao cansado coração.
Pego em seus dedos nevados,
E querendo dar-lhe um beijo,
Cobriu-se todo de pejo,
E fugiu-me com a mão.

Tu, Marília, agora vendo
De Amor o lindo retrato,
Contigo estarás dizendo,
Que é este o retrato teu.
Sim, Marília, a cópia é tua,
Que Cupido é Deus suposto:
Se há Cupido, é só teu rosto,
Que ele foi quem me venceu.

LIRA VII

Vou retratar a Marília,
A Marília, meus amores;
Porém como? se eu não vejo
Quem me empreste as finas cores:
Dar-mas a terra não pode;
Não, que a sua cor mimosa
Vence o lírio, vence a rosa,
O jasmim e as outras flores.
  Ah! socorre, Amor, socorre
  Ao mais grato empenho meu!
  Voa sobre os astros, voa,
  Traze-me as tintas do céu.

Mas não se esmoreça logo;
Busquemos um pouco mais;
Nos mares talvez se encontrem
Cores, que sejam iguais.
Porém, não, que em paralelo
Da minha ninfa adorada
Pérolas não valem nada,
Não valem nada os corais.
       Ah! socorre, Amor, socorre
       Ao mais grato empenho meu!
       Voa sobre os astros, voa,
       Traze-me as tintas do céu.

Só no céu achar-se podem
Tais belezas como aquelas,
Que Marília tem nos olhos,
E que tem nas faces belas;
Mas às faces graciosas,
Aos negros olhos, que matam,
Não imitam, não retratam
Nem auroras, nem estrelas.
       Ah! socorre, Amor, socorre
       Ao mais grato empenho meu!
       Voa sobre os astros, voa,
       Traze-me as tintas do céu.

Entremos, Amor, entremos,
Entremos na mesma esfera;
Venha Palas, venha Juno,
Venha a Deusa de Citera,
Porém, não, que se Marília
No certame antigo entrasse,
Bem que a Páris não peitasse,
A todas as três vencera.
       Vai-te, Amor, em vão socorres
       Ao mais grato empenho meu:
       Para formar-lhe o retrato
       Não bastam tintas do céu.

LIRA XIV

Minha bela Marília, tudo passa;
A sorte deste mundo é mal segura;
Se vem depois dos males a ventura,
Vem depois dos prazeres a desgraça.
　　Estão os mesmos Deuses
Sujeitos ao poder do ímpio Fado:
Apolo já fugiu do Céu brilhante,
　　Já foi Pastor de gado.

A devorante mão da negra Morte
Acaba de roubar o bem que temos;
Até na triste campa não podemos
Zombar do braço da inconstante sorte;
　　Qual fica no Sepulcro,
Que seus avós ergueram, descansado;
Qual no campo, e lhe arranca os frios ossos
　　Ferro do torto arado.

Ah! enquanto os Destinos impiedosos
Não voltam contra nós a face irada,
Façamos, sim, façamos, doce amada,
Os nossos breves dias mais ditosos.
　　Um coração que, frouxo,
A grata posse de seu bem difere,
A si, Marília, a si próprio rouba,
　　E a si próprio fere.

Ornemos nossas testas com as flores.
E façamos de feno um brando leito;
Prendamo-nos, Marília, em laço estreito,
Gozemos do prazer de sãos Amores.
　　Sobre as nossas cabeças,
Sem que o possam deter, o tempo corre;
E para nós o tempo, que se passa,
　　Também, Marília, morre.

Com os anos, Marília, o gosto falta,
E se entorpece o corpo já cansado;
Triste, o velho cordeiro está deitado,
E o leve filho sempre alegre salta.
    A mesma formosura
É dote que só goza a mocidade:
Rugam-se as faces, o cabelo alveja,
    Mal chega a longa idade.

Que havemos d'esperar, Marília bela?
Que vão passando os florescentes dias?
As glórias, que vêm tarde, já vêm frias;
E pode enfim mudar-se a nossa estrela.
    Ah! não, minha Marília,
Aproveite-se o tempo, antes que faça
O estrago de roubar ao corpo as forças
    E ao semblante a graça!

LIRA XXX

Junto a uma clara fonte
A mãe de Amor se sentou;
Encostou na mão o rosto,
No leve sono pegou.

Cupido, que a viu de longe,
Contente ao lugar correu;
Cuidando que era Marília,
Na face um beijo lhe deu.

Acorda Vênus irada:
Amor a conhece; e então
Da ousadia, que teve,
Assim lhe pede o perdão:

Foi fácil, ó mãe formosa,
Foi fácil o engano meu;
Que o semblante de Marília
É todo o semblante teu.

SEGUNDA PARTE

LIRA XV

Eu, Marília, não fui nenhum Vaqueiro,
Fui honrado Pastor da tua Aldeia;
Vestia finas lãs, e tinha sempre
A minha choça do preciso cheia.
Tiraram-me o casal e o manso gado,
Nem tenho, a que me encoste, um só cajado.

Para ter que te dar, é que eu queria
De mor rebanho ainda ser o dono;
Prezava o teu semblante, os teus cabelos
Ainda muito mais que um grande Trono.
Agora que te oferte já não vejo,
Além de um puro amor, de um são desejo.

Se o rio levantado me causava,
Levando a sementeira, prejuízo,
Eu alegre ficava, apenas via
Na tua breve boca um ar de riso.
Tudo agora perdi; nem tenho o gosto
De ver-te ao menos compassivo o rosto.

Propunha-me dormir no teu regaço
As quentes horas da comprida sesta,
Escrever teus louvores nos olmeiros,
Toucar-te de papoilas na floresta.
Julgou o justo Céu que não convinha
Que a tanto grau subisse a glória minha.

Ah! minha bela, se a Fortuna volta,
Se o bem, que já perdi, alcanço e provo,
Por essas brancas mãos, por essas faces
Te juro renascer um homem novo;
Romper a nuvem, que os meus olhos cerra,
Amar no céu a Jove, e a ti na terra!

Fiadas comprarei as ovelhinhas,
Que pagarei dos poucos do meu ganho;
E dentro em pouco tempo nos veremos
Senhores outra vez de um bom rebanho.
Para o contágio lhe não dar, sobeja
Que as afague Marília, ou só que as veja.

Se não tivermos lãs e peles finas,
Podem mui bem cobrir as carnes nossas
As peles dos cordeiros mal curtidas,
E os panos feitos com as lãs mais grossas.
Mas ao menos será o teu vestido
Por mãos de Amor, por minhas mãos cosido.

Nós iremos pescar na quente sesta
Com canas e com cestos os peixinhos;
Nós iremos caçar nas manhãs frias
Com a vara envisgada os passarinhos.
Para nos divertir faremos quanto
Reputa o varão sábio, honesto e santo.

Nas noites de serão nos sentaremos
C'os filhos, se os tivermos, à fogueira;
Entre as falsas histórias, que contares,
Lhes contarás a minha, verdadeira:
Pasmados te ouvirão; eu, entretanto,
Ainda o rosto banharei de pranto.

Quando passarmos juntos pela rua,
Nos mostrarão c'o dedo os mais Pastores,
Dizendo uns para os outros: Olha os nossos
Exemplos da desgraça, e são amores.
Contentes viveremos desta sorte,
Até que chegue a um dos dois a morte.

LIRA XIX

Nesta triste masmorra,
De um semivivo corpo sepultura,
Inda, Marília, adoro
A tua formosura.
Amor na minha ideia te retrata;
Busca, extremoso, que eu assim resista
À dor imensa, que me cerca e mata.

Quando em meu mal pondero,
Então mais vivamente te diviso:
Vejo o teu rosto e escuto
A tua voz e riso.
Movo ligeiro para o vulto os passos:
Eu beijo a tíbia luz em vez de face,
E aperto sobre o peito em vão os braços.

Conheço a ilusão minha;
A violência da mágoa não suporto;
Foge-me a vista e caio,
Não sei se vivo ou morto.
Enternece-se Amor de estrago tanto;
Reclina-me no peito, e com mão terna
Me limpa os olhos do salgado pranto.

Depois que represento
Por largo espaço a imagem de um defunto,
Movo os membros, suspiro,
E onde estou pergunto.
Conheço então que Amor me tem consigo;
Ergo a cabeça, que inda mal sustento,
E com doente voz assim lhe digo:

Se queres ser piedoso,
Procura o sítio em que Marília mora,
Pinta-lhe o meu estrago,
E vê, Amor, se chora.
Se as lágrimas verter a dor a arrasta
Uma delas me traze sobre as penas,
E para alívio meu só isto basta.

LIRA XXII

Por morto, Marília,
Aqui me reputo:
Mil vezes escuto
O som do arrastado,
E duro grilhão.
Mas ah! que não treme,
Não treme de susto
O meu coração!

A chave lá soa
Na porta segura:
Abre-se a escura,
Infame masmorra
Da minha prisão.
Mas ah! que não treme,
Não treme de susto
O meu coração!

114

Já Torres se assenta;
Carrega-me o rosto;
Do crime suposto
Com mil artifícios
Indaga a razão.
Mas ah! que não treme,
Não treme de susto
O meu coração!

Eu vejo, Marília,
A mil inocentes
Nas cruzes pendentes,
Por falsos delitos,
Que os homens lhes dão.
Mas ah! que não treme,
Não treme de susto
O meu coração!

Se penso que posso
Perder o gozar-te,
A glória de dar-te
Abraços honestos
E beijos na mão,
Marília, já treme,
Já treme de susto
O meu coração!

Repara, Marília,
O quanto é mais forte
Ainda que a morte,
Num peito esforçado,
De amor a paixão.
Marília, já treme,
Já treme de susto
O meu coração!

CARTAS CHILENAS

CARTA SEGUNDA (fragmento)

O povo, Doroteu, é como as moscas
que correm ao lugar, aonde sentem
o derramado mel; é similhante
aos corvos e aos abutres, que se ajuntam
nos ermos, onde fede a carne podre.
À vista, pois, dos fatos, que executa
o nosso grande chefe, decisivos
da piedade que finge, a louca gente
de toda a parte corre a ver se encontra
algum pequeno alívio à sombra dele.
Não viste, Doroteu, quando arrebenta
ao pé de alguma ermida a fonte santa,
que a fama logo corre, e todo o povo
concebe que ela cura as graves queixas?
Pois desta sorte entende o néscio vulgo
que o nosso general lugar-tenente,
em todos os delitos e demandas,
pode de absolvição lavrar sentenças.
Não há livre, não há, não há cativo
que ao nosso Santiago não concorra.
Todos buscam ao chefe e todos querem,
para serem bem vistos, revestir-se
do triste privilégio de mendigos.
Um as botas descalça, tira as meias
e põe no duro chão os pés mimosos;
outro despe a casaca mais a veste
e de vários molambos mal se cobre;
este deixa crescer a ruça barba,
com palhas de alhos se defuma aquele;

qual as pernas emplastra e move o corpo
metendo nos sobacos as muletas;
qual ao torto pescoço dependura,
despido, o braço que só cobre o lenço,
uns com bordão apalpam o caminho,
outros, um grande bando lhe apresentam
de sujas moças, a quem chamam filhas.
Já foste, Doroteu, a um convento
de padres franciscanos, quando chegam
as horas de jantar? Passaste, acaso,
por sítio em que morreu mineiro rico,
quando da casa sai pomposo enterro?
Pois eis aqui, amigo, bem pintada
a porta mais a rua deste chefe
nos dias de audiência. Oh! quem pudera
nestes dias meter-se um breve instante,
a ver o que ali vai na grande sala!
Escusavas de ler os entremezes,
em que os sábios poetas introduzem,
por interlocutores, chefes asnos.
Um pede, Doroteu, que lhe dispense
casar com uma irmã da sua amásia;
pede outro que lhe queime o mau processo,
onde está criminoso, por ter feito
cumprir exatamente um seu despacho;
diz este que os herdeiros não lhe entregam
os bens que lhe deixou, em testamento,
um filho de Noé; aquele ralha
contra os mortos juízes, que lhe deram,
por empenhos e peitas, a sentença,
em que toda a fazenda lhe tiraram;
um quer que o devedor lhe pague logo;
outro, para pagar, pertende espera;
todos, enfim, concluem que não podem
demandas conservar, por serem pobres,

118

e grandes as despesas que se fazem
nas casas dos letrados e cartórios.
Então, o grande chefe, sem demora,
decide os casos todos que lhe ocorrem,
ou sejam de moral, ou de direito,
ou pertençam também à medicina,
sem botar (que ainda é mais) abaixo um livro
da sua sempre virgem livraria.
Lá vai uma sentença revogada,
que já pudera ter cabelos brancos;
lá se manda que entreguem os ausentes
os bens ao sucessor, que não lhes mostra
sentença que lhe julgue a grossa herança.
A muitos, de palavra, se decreta
que em pedir os seus bens não mais prossigam;
a outros se concedem breves horas
para pagarem somas que não devem.
Ah! tu, meu Senhor Pança, tu que foste
da Baratária o chefe, não lavraste
nem uma só sentença tão discreta!
E que queres, amigo, que suceda?
Esperavas, acaso, um bom governo
do nosso Fanfarrão? Tu não o viste
em trajes de casquilho, nessa corte?
E pode, meu amigo, de um peralta
formar-se, de repente, um homem sério?
Carece, Doroteu, qualquer ministro
apertados estudos, mil exames.
E pode ser o chefe onipotente
quem não sabe escrever uma só regra
onde, ao menos, se encontre um nome certo?

ALVARENGA PEIXOTO
(1744? – 1792)

Nascido no Rio de Janeiro, Inácio José de Alvarenga Peixoto estudou com os jesuítas, provavelmente em Braga, Portugal. Em 1760 ingressou na Universidade de Coimbra, onde se formou, com louvor, em 1768. Ocupou o cargo de juiz de fora da vila de Sintra e, em 1775, foi nomeado ouvidor de Rio das Mortes (MG). Em 1781, casou-se com Bárbara Eliodora, também poeta. Deixando a magistratura, ficou em Minas Gerais, ocupando-se da lavoura e da mineração. Em companhia de seu parente Tomás Antônio Gonzaga, foi implicado na Inconfidência Mineira e conduzido ao presídio da Ilha das Cobras, no Rio de Janeiro. Chegou a ter a sentença de morte declarada, mas sua pena foi comutada para o degredo em Angola, onde morreu, no presídio de Ambaca, em 1792. Sua obra, diminuta, foi recolhida por Rodrigues Lapa e apresenta alguns dos sonetos mais bem acabados do Arcadismo brasileiro.

JÔNIA E NISE

Eu vi a linda Jônia e, namorado,
Fiz logo voto eterno de querê-la;
Mas vi depois a Nise, e é tão bela,
Que merece igualmente o meu cuidado.

A qual escolherei, se, neste estado,
Eu não sei distinguir esta daquela?
Se Nise agora vir, morro por ela,
Se Jônia vir aqui, vivo abrasado.

Mas ah! que esta me despreza, amante,
Pois sabe que estou preso em outros braços,
E aquela me não quer, por inconstante.

Vem, Cupido, soltar-me destes laços:
Ou faze destes dois um só semblante,
Ou divide o meu peito em dois pedaços!

SONETO

Ao mundo esconde o Sol seus resplandores,
E a mão da Noite embrulha os horizontes;
Não cantam aves, não murmuram fontes,
Não fala Pã na boca dos pastores.

Atam as Ninfas, em lugar de flores,
Mortais ciprestes sobre as tristes frontes;
Erram chorando nos desertos montes,
Sem arcos, sem aljavas, os Amores.

Vênus, Palas e as filhas da Memória,
Deixando os grandes templos esquecidos,
Não se lembram de altares nem de glória.

Andam os elementos confundidos:
Ah, Jônia, Jônia, dia de vitória
Sempre o mais triste foi para os vencidos!

A D. BÁRBARA ELIODORA,
SUA ESPOSA

*(Remetida do cárcere
da Ilha das Cobras)*

Bárbara bela,
Do Norte estrela,
Que o meu destino
Sabes guiar,
De ti ausente,
Triste somente
As horas passo
A suspirar.
     Isto é castigo
     que Amor me dá.

Por entre as penhas
De incultas brenhas,
Cansa-me a vista
De te buscar;
Porém não vejo
Mais que o desejo
Sem esperança
De te encontrar.
     Isto é castigo
     que Amor me dá.

Eu bem queria
A noite e o dia
Sempre contigo
Poder passar;
Mas orgulhosa
Sorte invejosa
Desta fortuna
Me quer privar.
      Isto é castigo
      que Amor me dá.

Tu, entre os braços,
Ternos abraços
Da filha amada
Podes gozar.
Priva-me a estrela
De ti e dela,
Busca dois modos
De me matar.
      Isto é castigo
      que Amor me dá.

O SONHO

Oh, que sonho, oh, que sonho eu tive nesta
Feliz, ditosa, sossegada sesta!
Eu vi o Pão d'Açúcar levantar-se,
E no meio das ondas transformar-se
Na figura do Índio mais gentil,
Representando só todo o Brasil.
Pendente a tiracol de branco arminho,
Côncavo dente de animal marinho
As preciosas armas lhe guardava:
Era tesouro e juntamente aljava.
De pontas de diamante eram as setas,
As hásteas de ouro, mas as penas pretas;
Que o Índio valeroso, ativo e forte,
Não manda seta em que não mande a morte.
Zona de penas de vistosas cores,
Guarnecida de bárbaros lavores,
De folhetas e pérolas pendentes,
Finos cristais, topázios transparentes,
Em recamadas peles de saíras,
Rubins, e diamantes e safiras,
Em campo de esmeralda escurecia
A linda estrela que nos traz o dia.
No cocar... oh! que assombro, oh! que riqueza!
Vi tudo quanto pode a natureza:
No peito, em grandes letras de diamante,
O nome da Augustíssima Imperante.
De inteiriço coral novo instrumento
As mãos lhe ocupa, enquanto ao doce acento

Das saudosas palhetas, que afinava,
Píndaro Americano assim cantava:
"Sou vassalo, sou leal:
como tal,
fiel, constante,
Sirvo à glória da imperante,
Sirvo à grandeza real.
Aos Elísios descerei,
Fiel sempre a Portugal,
Ao famoso vice-rei,
Ao ilustre general,
às bandeiras que jurei.
Insultando o fado e a sorte
E a fortuna desigual,
A quem morrer sabe, a morte
Nem é morte nem é mal".

ROMANTISMO

O marco inicial do Romantismo brasileiro é a publicação em 1836 do livro de poemas *Suspiros Poéticos e Saudades*, obra medíocre de Gonçalves de Magalhães apenas 14 anos após a Independência do Brasil, em 1822.

Uma estética que valoriza o nacionalismo e a liberdade haveria de se ajustar plenamente ao espírito de um país que acabara de se tornar uma nação, conquistando sua liberdade, ainda que ilusória, do domínio colonial.

A Primeira Geração do romantismo brasileiro notabilizou-se pela tentativa de adaptar, de maneira nacionalista, o medievalismo heroico do Romantismo europeu à natureza exótica e exuberante do Brasil. A nação que surgia com a Independência buscava seus heróis formadores, os mitos que a distinguissem das origens europeias. Utópicos, os primeiros românticos brasileiros buscam no nativismo da literatura anterior à Independência, no elogio da terra e do homem primitivo brasileiro os pilares sobre os quais se haveria de criar a identidade de uma nova nação. Inspirados em Montaigne e Rousseau, idealizavam os índios brasileiros como bons selvagens, cujos valores heroicos tomam como paradigmas da formação do povo brasileiro.

A Segunda Geração da poesia romântica brasileira é marcada pela falência dos ideais nacionalistas utópicos dos nossos primeiros românticos.

Depressivos e influenciados por Byron e Musset, os ultrarromânticos são dominados pelo mal do século ou *spleen*: o tédio e a melancolia dos que não veem outra solução para a "dor vivente" senão a morte ou o retorno à infância. O escape não é mais para a terra utópica de Gonçalves Dias, onde o sabiá canta nas palmeiras, e sim para a infantilidade dos "oito anos" de Casimiro de Abreu ou para a "amiga morte" de Junqueira Freire.

Entre 1850 e 1870, predominou na poesia brasileira o estilo romântico que Capistrano de Abreu (1853-1927) denominou de condoreiro, para designar a obra de poetas influenciados pela poesia social de Victor Hugo, como Tobias Barreto (1839-1889), José Bonifácio, o Moço (1827-1886) e Pedro de Calasãs (1837-1874).

Praticaram uma poesia retórica, repleta de hipérboles e antíteses em que se destacam os temas sociais e políticos, principalmente a defesa da abolição da escravatura e a apologia da República. Um de seus símbolos mais frequentes é a imagem do condor dos Andes, pássaro que representa a liberdade da América. Essa poesia de teor declamativo e pendor social revelou um dos mais populares poetas brasileiros, o baiano Castro Alves.

GONÇALVES DIAS
(1823 – 1864)

Nascido no Maranhão, filho de pai português e mãe provavelmete cafusa, Gonçalves Dias se orgulhava de ter no sangue as três raças formadoras do povo brasileiro: a branca, a índia e a negra. Após a morte do pai, sua madrasta mandou-o para a Universidade em Coimbra, onde ingressou em 1840. Atravessando graves problemas financeiros, Gonçalves Dias é sustentado por amigos até se graduar bacharel em 1844. Retornando ao Brasil, conhece Ana Amélia Ferreira do Vale, grande amor de sua vida. Em 1847, publica *Primeiros Cantos*. Este livro lhe trouxe a fama e a admiração de Alexandre Herculano e do Imperador Dom Pedro II, que, a partir de então, nomeia-o para diversos cargos públicos. Em 1851, pede a mão de Ana Amélia em casamento. Recusado pela família da amada, casa-se, no ano seguinte, com Olímpia da Costa. Em 1862, seriamente adoentado, vai se tratar na Europa. Já em estado deplorável, em 1864 embarca no navio *Ville de Boulogne* para retornar ao Brasil. O navio naufraga na costa maranhense no dia 3 de novembro de 1864. Salvam-se todos a bordo, menos o poeta, que, já moribundo, é esquecido em seu leito.

Embora Gonçalves de Magalhães e Porto Alegre tenham sido os introdutores do romantismo no Brasil, foi Antônio Gonçalves Dias o primeiro poeta de real valor a surgir na primeira geração romântica da poesia brasileira. Entre os seus poemas incluídos nesta antologia, estão a utópica *Canção do Exílio*, o célebre *I-Juca-Pirama* e *A Tempestade*, com suas variações métricas que representam o desenrolar da tempestade.

CANÇÃO DO EXÍLIO

Kennst du das Land, wo die Citronen blühn,
Im dunkeln Laub die Gold-Orangen glühn,
Kennst du es wohl? – Dahin, dahin!
Möcht' ich... ziehen.[1]

Goethe

Minha terra tem palmeiras,
Onde canta o Sabiá;
As aves, que aqui gorjeiam,
Não gorjeiam como lá.

Nosso céu tem mais estrelas,
Nossas várzeas têm mais flores,
Nossos bosques têm mais vida,
Nossa vida mais amores.

Em cismar, sozinho, à noite,
Mais prazer encontro eu lá;
Minha terra tem palmeiras,
Onde canta o Sabiá.

Minha terra tem primores,
Que tais não encontro eu cá;
Em cismar – sozinho, à noite –
Mais prazer encontro eu lá;
Minha terra tem palmeiras,
Onde canta o Sabiá.

Não permita Deus que eu morra,
Sem que eu volte para lá;
Sem que desfrute os primores
Que não encontro por cá;
Sem qu'inda aviste as palmeiras,
Onde canta o Sabiá.

---

[1] Conheces a Terra, onde os limoeiros florescem / Na folhagem
escura, as laranjas douradas brilham / Será que a conheceu?
– Para lá, para lá / Que eu quero ir.

NÃO ME DEIXES!

Debruçada nas águas dum regato
    A flor dizia em vão
À corrente, onde bela se mirava...
    "Ai, não me deixes, não!"

"Comigo fica ou leva-me contigo
    Dos mares à amplidão;
Límpido ou turvo, te amarei constante;
    Mas não me deixes, não!"

E a corrente passava; novas águas
    Após as outras vão;
E a flor sempre a dizer curva na fonte:
    "Ai, não me deixes, não!"

E das águas que fogem incessantes
    À eterna sucessão
Dizia sempre a flor, e sempre embalde:
    "Ai, não me deixes, não!"

Por fim desfalecida e a cor murchada,
    Quase a lamber o chão,
Buscava inda a corrente por dizer-lhe
    Que a não deixasse, não.

A corrente impiedosa a flor enleia,
    Leva-a do seu torrão;
A afundar-se dizia a pobrezinha:
    "Não me deixaste, não!"

SE SE MORRE DE AMOR

Meere und Berge und Horizonte zwischen den
Liebenden – aber die Seelen versetzen sich aus
dem staubigen Kerker un treffen sich im Paradiese
der Liebe.[2]

Schiller, *Die Räuber*

Se se morre de amor! – Não, não se morre,
Quando é fascinação que nos surpreende
De ruidoso sarau entre os festejos;
Quando luzes, calor, orquestra e flores
Assomos de prazer nos raiam n'alma,
Que embelezada e solta em tal ambiente
No que ouve, e no que vê prazer alcança!
Simpáticas feições, cintura breve,
Graciosa postura, porte airoso,
Uma fita, uma flor entre os cabelos,
Um quê mal definido, acaso podem
Num engano d'amor arrebatar-nos.
Mas isso amor não é; isso é delírio,
Devaneio; ilusão, que se esvaece
Ao som final da orquestra, ao derradeiro
Clarão, que as luzes no morrer despedem:
Se outro nome lhe dão, se amor o chamam,
D'amor igual ninguém sucumbe à perda.

Amor é vida; é ter constantemente
Alma, sentidos, coração – abertos
Ao grande, ao belo; é ser capaz d'extremos,
D'altas virtudes, té capaz de crimes!
Compr'ender o infinito, a imensidade,

---

[2] Mares e montanhas e horizontes entre os amantes – mas as
almas se transportam do calabouço empoeirado e se en-
contram no Paraíso do Amor.

E a natureza e Deus; gostar dos campos,
D'aves, flores, murmúrios solitários;
Buscar tristeza, a soledade, o ermo,
E ter o coração em riso e festa;
E à branda festa, ao riso da nossa alma
Fontes de pranto intercalar sem custo;
Conhecer o prazer e a desventura
No mesmo tempo, e ser no mesmo ponto
O ditoso, o misérrimo dos entes;
Isso é amor, e desse amor se morre!

Amar, e não saber, não ter coragem
Para dizer que amor que em nós sentimos;
Temer qu'olhos profanos nos devassem
O templo, onde a melhor porção da vida
Se concentra; onde avaros recatamos
Essa fonte de amor, esses tesouros
Inesgotáveis, d'ilusões floridas;
Sentir, sem que se veja, a quem se adora,
Compr'ender, sem lhe ouvir, seus pensamentos,
Segui-la, sem poder fitar seus olhos,
Amá-la, sem ousar dizer que amamos,
E, temendo roçar os seus vestidos,
Arder por afogá-la em mil abraços:
Isso é amor, e desse amor se morre!

Se tal paixão porém enfim transborda,
Se tem na terra o galardão devido
Em recíproco afeto; e unidas, uma,
Dois seres, duas vidas se procuram,
Entendem-se, confundem-se e penetram
Juntas – em puro céu d'êxtases puros:
Se logo a mão do fado as torna estranhas,
Se os duplica e separa, quando unidos
A mesma vida circulava em ambos;

Que será do que fica, e do que longe
Serve às borrascas de ludíbrio e escárnio?
Pode o raio num píncaro caindo,
Torná-lo dois, e o mar correr entre ambos;
Pode rachar o tronco levantado
E dois cimos depois verem-se erguidos,
Sinais mostrando da aliança antiga;
Dois corações porém, que juntos batem,
Que juntos vivem, – se os separam, morrem;
Ou se entre o próprio estrago inda vegetam,
Se aparência de vida, em mal, conservam,
Ânsias cruas resumem do proscrito,
Que busca achar no berço a sepultura!

Esse, que sobrevive à própria ruína,
Ao seu viver do coração, – às gratas
Ilusões, quando em leito solitário,
Entre as sombras da noite, em larga insônia,
Devaneando, a futurar venturas,
Mostra-se e brinca a apetecida imagem;
Esse, que a dor tamanha não sucumbe,
Inveja a quem na sepultura encontra
Dos males seus o desejado termo!

LEITO DE FOLHAS VERDES

Por que tardas, Jatir, que tanto a custo
À voz do meu amor moves teus passos?
Da noite a viração, movendo as folhas,
Já nos cimos do bosque rumoreja.

Eu sob a copa da mangueira altiva
Nosso leito gentil cobri zelosa
Com mimoso tapiz de folhas brandas,
Onde o frouxo luar brinca entre flores.

Do tamarindo a flor abriu-se, há pouco,
Já solta o bogari mais doce aroma!
Como prece de amor, como estas preces,
No silêncio da noite o bosque exala.

Brilha a lua no céu, brilham estrelas,
Correm perfumes no correr da brisa,
A cujo influxo mágico respira-se
Um quebranto de amor, melhor que a vida!

A flor que desabrocha ao romper d'alva
Um só giro do sol, não mais, vegeta:
Eu sou aquela flor que espero ainda
Doce raio do sol que me dê vida.

Sejam vales ou montes, lago ou terra,
Onde quer que tu vás, ou dia ou noite,
Vai seguindo após ti meu pensamento;
Outro amor nunca tive: és meu, sou tua!

Meus olhos outros olhos nunca viram,
Não sentiram meus lábios outros lábios,
Nem outras mãos, Jatir, que não as tuas
A arazoia na cinta me apertaram.

Do tamarindo a flor jaz entreaberta,
Já solta o bogari mais doce aroma;
Também meu coração, com estas flores,
Melhor perfume ao pé da noite exala!

Não me escutas, Jatir! nem tardo acodes
À voz do meu amor, que em vão te chama!
Tupã! lá rompe o sol! do leito inútil
A brisa da manhã sacuda as folhas!

MARABÁ

Eu vivo sozinha, ninguém me procura!
     Acaso feitura
     Não sou de Tupá?
Se algum dentre os homens de mim não se
esconde;
     — "Tu és", me responde,
     "Tu és Marabá!"

Meus olhos são garços, são cor das safiras,
Têm luz das estrelas, têm meigo brilhar;
Imitam as nuvens de um céu anilado,
As cores imitam das vagas do mar!

Se algum dos guerreiros não foge a meus
passos:
     — "Teus olhos são garços."
Responde anojado, "mas és Marabá:
"Quero antes uns olhos bem pretos, luzentes,
     "Uns olhos fulgentes,
"Bem pretos, retintos, não cor d'anajá!"

É alvo meu rosto da alvura dos lírios,
Da cor das areias batidas do mar;
As aves mais brancas, as conchas mais puras
Não têm mais alvura, não têm mais brilhar.

Se ainda me escuta meus agros delírios:
     — "És alva de lírios",
Sorrindo responde; "mas és Marabá:
"Quero antes um rosto de jambo corado,
     "Um rosto crestado
"Do sol do deserto, não flor de cajá."

Meu colo de leve se encurva engraçado,
Como hástea pendente do cáctus em flor;
Mimosa, indolente, resvalo no prado,
Como um soluçado suspiro de amor!

"Eu amo a estatura flexível, ligeira,
"Qual duma palmeira",
Então me respondem; "tu és Marabá:
"Quero antes o colo da ema orgulhosa,
"Que pisa vaidosa,
"Que as flóreas campinas governa, onde está."

Meus loiros cabelos em ondas se anelam,
O oiro mais puro não tem seu fulgor;
As brisas nos bosques de os ver se enamoram,
De os ver tão formosos como um beija-flor!

Mas eles respondem: "Teus longos cabelos,
"São loiros, são belos,
"Mas são anelados; tu és Marabá:
"Quero antes cabelos, bem lisos, corridos,
"Cabelos compridos,
"Não cor d'oiro fino, nem cor d'anajá."

E as doces palavras que eu tinha cá dentro
A quem nas direi?
O ramo d'acácia na fronte de um homem
Jamais cingirei:

Jamais um guerreiro da minha arazoia
Me desprenderá:
Eu vivo sozinha, chorando mesquinha,
Que sou Marabá!

142

I – JUCA PIRAMA

I

No meio das tabas de amenos verdores,
Cercadas de troncos – cobertos de flores,
Alteiam-se os tetos d'altiva nação;
São muitos seus filhos, nos ânimos fortes,
Temíveis na guerra, que em densas coortes
Assombram das matas a imensa extensão.

São rudos, severos, sedentos de glória,
Já prélios incitam, já cantam vitória,
Já meigos atendem à voz do cantor:
São todos Timbiras, guerreiros valentes!
Seu nome lá voa na boca das gentes,
Condão de prodígios, de glória e terror!

As tribos vizinhas, sem forças, sem brio,
As armas quebrando, lançando-as ao rio,
O incenso aspiraram dos seus maracás:
Medrosos das guerras que os fortes acendem,
Custosos tributos ignavos lá rendem,
Aos duros guerreiros sujeitos na paz.

No centro da taba se estende um terreiro,
Onde ora se aduna o concílio guerreiro
Da tribo senhora, das tribos servis:
Os velhos sentados praticam d'outrora,
E os moços inquietos, que a festa enamora,
Derramam-se em torno dum índio infeliz.

Quem é? – ninguém sabe: seu nome é ignoto,
Sua tribo não diz: – de um povo remoto
Descende por certo – dum povo gentil;
Assim lá na Grécia ao escravo insulano
Tornavam distinto do vil muçulmano
As linhas corretas do nobre perfil.

Por casos de guerra caiu prisioneiro
Nas mãos dos Timbiras: – no extenso terreiro
Assola-se o teto, que o teve em prisão;
Convidam-se as tribos dos seus arredores,
Cuidosos se incubem do vaso das cores,
Dos vários aprestos da honrosa função.

Acerva-se a lenha da vasta fogueira,
Entesa-se a corda da embira ligeira,
Adorna-se a maça com penas gentis:
A custo, entre as vagas do povo da aldeia
Caminha o Timbira, que a turba rodeia,
Garboso nas plumas de vário matiz.

Entanto as mulheres com leda trigança,
Afeitas ao rito da bárbara usança,
O índio já querem cativo acabar:
A coma lhe cortam, os membros lhe tingem,
Brilhante enduape no corpo lhe cingem,
Sombreia-lhe a fronte gentil canitar.

II

Em fundos vasos d'alvacenta argila
        Ferve o cauim;
Enchem-se as copas, o prazer começa,
        Reina o festim.

O prisioneiro, cuja morte anseiam,
        Sentado está,
O prisioneiro, que outro sol no ocaso
        Jamais verá!

A dura corda, que lhe enlaça o colo,
        Mostra-lhe o fim
Da vida escura, que será mais breve
        Do que o festim!

Contudo os olhos d'ignóbil pranto
        Secos estão;
Mudos os lábios não descerram queixas
        Do coração.

Mas um martírio, que encobrir não pode,
        Em rugas faz
A mentirosa placidez do rosto
        Na fronte audaz!

Que tens, guerreiro? Que temor te assalta
        No passo horrendo?
Honra das tabas que nascer te viram,
        Folga morrendo.

Folga morrendo; porque além dos Andes
        Revive o forte,
Que soube ufano contrastar os medos
        Da fria morte.

Rasteira grama, exposta ao sol, à chuva,
     Lá murcha e pende:
Somente ao tronco, que devassa os ares,
     O raio ofende!

Que foi? Tupã mandou que ele caísse,
     Como viveu;
E o caçador que o avistou prostrado
     Esmoreceu!

Que temes, ó guerreiro? Além dos Andes
     Revive o forte,
Que soube ufano contrastar os medos
     Da fria morte.

III

Em larga roda de novéis guerreiros
Ledo caminha o festival Timbira,
A quem do sacrifício cabe as honras.
Na fronte o canitar sacode em ondas,
O enduape na cinta se embalança,
Na destra mão sopesa a iverapeme,
Orgulhoso e pujante. – Ao menor passo
Colar d'alvo marfim, insígnia d'honra,
Que lhe orna o colo e o peito, ruge e freme,
Como que por feitiço não sabido
Encantadas ali as almas grandes
Dos vencidos Tapuias, inda chorem
Serem glória e brasão d'imigos feros.

"Eis-me aqui", diz ao índio prisioneiro;
"Pois que fraco, e sem tribo, e sem família,
As nossas matas devassaste ousado,

Morrerás morte vil da mão de um forte."
Vem a terreiro o mísero contrário;
Do colo à cinta a muçurana desce:
"Dize-nos quem és, teus feitos canta,
Ou se mais te apraz, defende-te." Começa
O índio, que ao redor derrama os olhos,
Com triste voz que os ânimos comove.

IV

Meu canto de morte,
Guerreiros, ouvi:
Sou filho das selvas,
Nas selvas cresci;
Guerreiros, descendo
Da tribo tupi.

Da tribo pujante,
Que agora anda errante
Por fado inconstante,
Guerreiros, nasci:
Sou bravo, sou forte,
Sou filho do Norte;
Meu canto de morte,
Guerreiros, ouvi.

Já vi cruas brigas,
De tribos imigas,
E as duras fadigas
Da guerra provei;
Nas ondas mendaces
Senti pelas faces
Os silvos fugaces
Dos ventos que amei.

Andei longes terras
Lidei cruas guerras,
Vaguei pelas serras
Dos vis Aimorés;
Vi lutas de bravos,
Vi fortes – escravos!
De estranhos ignavos
Calcados aos pés.

E os campos talados,
E os arcos quebrados,
E os piagas coitados
Já sem maracás;
E os meigos cantores,
Servindo a senhores,
Que vinham traidores,
Com mostras de paz.

Aos golpes do imigo,
Meu último amigo,
Sem lar, sem abrigo
Caiu junto a mi!
Com plácido rosto,
Sereno e composto,
O acerbo desgosto
Comigo sofri.

Meu pai a meu lado
Já cego e quebrado,
De penas ralado,
Firmava-se em mi:
Nós ambos, mesquinhos,
Por ínvios caminhos,
Cobertos d'espinhos
Chegamos aqui!

O velho no entanto
Sofrendo já tanto
De fome e quebranto,
Só qu'ria morrer!
Não mais me contenho,
Nas matas me embrenho,
Das frechas que tenho
Me quero valer.

Então, forasteiro,
Caí prisioneiro
De um troço guerreiro
Com que me encontrei:
O cru dessossego
Do pai fraco e cego,
Enquanto não chego,
Qual seja, – dizei!

Eu era o seu guia
Na noite sombria,
A só alegria
Que Deus lhe deixou:
Em mim se apoiava,
Em mim se firmava,
Em mim descansava,
Que filho lhe sou.

Ao velho coitado
De penas ralado,
Já cego e quebrado,
Que resta? – Morrer,
Enquanto descreve
O giro tão breve
Da vida que teve,
Deixai-me viver!

Não vil, não ignavo,
Mas forte, mas bravo,
Serei vosso escravo;
Aqui virei ter.
Guerreiros, não coro
Do pranto que choro;
Se a vida deploro,
Também sei morrer.

V

Soltai-o! – diz o chefe. Pasma a turba;
Os guerreiros murmuram; mal ouviram,
Nem pôde nunca um chefe dar tal ordem!
Brada segunda vez com voz mais alta,
Afrouxam-se as prisões, a embira cede,
A custo, sim; mas cede: o estranho é salvo.

– Timbira, diz o índio enternecido,
Solto apenas dos nós que o seguravam:
És um guerreiro ilustre, um grande chefe,
Tu que assim do meu mal te comoveste,
Nem sofres que, transposta a natureza,
Com olhos onde a luz já não cintila,
Chore a morte do filho o pai cansado,
Que somente por seu na voz conhece.
– És livre; parte.
       – E voltarei.
           – Debalde.
       – Sim, voltarei, morto meu pai.
           – Não voltes!
É bem feliz, se existe, em que não veja,
       Que filho tem, qual chora: és livre;
parte!
– Acaso tu supões que me acobardo,
Que receio morrer!
           – És livre; parte!

– Ora não partirei; quero provar-te
Que um filho dos Tupis vive com honra,
E com honra maior, se acaso o vencem,
Da morte o passo glorioso afronta.

– Mentiste, que um Tupi não chora nunca,
E tu choraste!... parte; não queremos
Com carne vil enfraquecer os fortes.

Sobresteve o Tupi: – arfando em ondas
O rebater do coração se ouvia
Precípite. – Do rosto afogueado
Gélidas bagas de suor corriam:
Talvez que o assaltava um pensamento...
Já não... que na enlutada fantasia,
Um pesar, um martírio ao mesmo tempo,
Do velho pai a moribunda imagem
Quase bradar-lhe ouvia: – Ingrato! ingrato!
Curvado o colo, taciturno e frio,
Espectro d'homem, penetrou no bosque!

VI

– Filho meu, onde estás?
                                    – Ao vosso lado;
Aqui vos trago provisões: tomai-as,
As vossas forças restaurai perdidas,
E a caminho, e já!
                                    – Tardaste muito!
Não era nado o sol, quando partiste,
E frouxo o seu calor já sinto agora!

— Sim demorei-me a divagar sem rumo,
Perdi-me nestas matas intrincadas,
Reaviei-me e tornei; mas urge o tempo;
Convém partir, e já!
                        — Que novos males
Nos resta de sofrer? — que novas dores,
Que outro fado pior Tupã nos guarda?
— As setas da aflição já se esgotaram,
Nem para novo golpe espaço intacto
Em nossos corpos resta.
                        — Mas tu tremes!
— Talvez do afã da caça....
                        — Oh filho caro!
Um quê misterioso aqui me fala,
Aqui no coração; piedosa fraude
Será por certo, que não mentes nunca!
Não conheces temor, e agora temes?
Vejo e sei: é Tupã que nos aflige,
E contra o seu querer não valem brios.
Partamos!... —
        E com mão trêmula, incerta
Procura o filho, tateando as trevas
Da sua noite lúgubre e medonha.
Sentindo o acre odor das frescas tintas,
Uma ideia fatal correu-lhe à mente...
Do filho os membros gélidos apalpa,
E a dolorosa maciez das plumas
Conhece estremecendo: — foge, volta,
Encontra sob as mãos o duro crânio,
Despido então do natural ornato!...
Recua aflito e pávido, cobrindo
Às mãos ambas os olhos fulminados.
Como que teme ainda o triste velho
De ver, não mais cruel, porém mais clara,
Daquele exício grande a imagem viva
Ante os olhos do corpo afigurada.

Não era que a verdade conhecesse
Inteira e tão cruel qual tinha sido;
Mas que funesto azar correra o filho,
Ele o via; ele o tinha ali presente;
E era de repetir-se a cada instante.
A dor passada, a previsão futura
E o presente tão negro, ali os tinha;
Ali no coração se concentrava,
Era num ponto só, mas era a morte!

— Tu prisioneiro, tu?
      — Vós o dissestes.
— Dos índios?
      — Sim.
           — De que nação?
                — Timbiras.
— E a muçurana funeral rompeste,
Dos falsos manitôs quebraste a maça...
— Nada fiz... aqui estou.
          — Nada! —
           Emudecem:
      Curto instante depois prossegue o
velho:
— Tu és valente, bem o sei; confessa,
Fizeste-o, certo, ou já não fôras vivo!

— Nada fiz; mas souberam da existência
De um pobre velho, que em mim só vivia....
— E depois?...
         — Eis-me aqui.
         — Fica essa **taba?**
— Na direção do sol, quando trans**monta.**
— Longe?
        — Não muito.
        — Tens ra**zão: partamos.**
— E quereis ir?...
         — Na direção **do ocaso.**

153

VII

"Por amor de um triste velho,
Que ao termo fatal já chega,
Vós, guerreiros, concedestes
A vida a um prisioneiro.
Ação tão nobre vos honra,
Nem tão alta cortesia
Vi eu jamais praticada
Entre os Tupis, – e mas foram
Senhores em gentileza.

"Eu porém nunca vencido,
Nem nos combates por armas,
Nem por nobreza nos atos;
Aqui venho, e o filho trago.
Vós o dizeis prisioneiro,
Seja assim como dizeis;
Mandai vir a lenha, o fogo,
A maça do sacrifício
E a muçurana ligeira:
Em tudo o rito se cumpra!
E quando eu for só na terra,
Certo acharei entre os vossos,
Que tão gentis se revelam,
Alguém que meus passos guie;
Alguém, que vendo o meu peito
Coberto de cicatrizes,
Tomando a vez de meu filho,
De haver-me por se ufane!"

Mas o chefe dos Timbiras,
Os sobrolhos encrespando,
Ao velho Tupi guerreiro
Responde com torvo acento:

154

– Nada farei do que dizes:
É teu filho imbele e fraco!
Aviltaria o triunfo
Da mais guerreira das tribos
Derramar seu ignóbil sangue:
Ele chorou de cobarde;
Nós outros, fortes Timbiras,
Só de heróis fazemos pasto. –

Do velho Tupi guerreiro
A surda voz na garganta
Faz ouvir uns sons confusos,
Como os rugidos de um tigre,
Que pouco a pouco se assanha!

VIII

"Tu choraste em presença da morte?
Na presença de estranhos choraste?
Não descende o cobarde do forte;
Pois choraste, meu filho não és!
Possas tu, descendente maldito
De uma tribo de nobres guerreiros,
Implorando cruéis forasteiros,
Seres presa de vis Aimorés.

"Possas tu, isolado na terra,
Sem arrimo e sem pátria vagando,
Rejeitado da morte na guerra,
Rejeitado dos homens na paz,
Ser das gentes o espectro execrado;
Não encontres amor nas mulheres,
Teus amigos, se amigos tiveres,
Tenham alma inconstante e falaz!

"Não encontres doçura no dia,
Nem as cores da aurora te ameiguem,
E entre as larvas da noite sombria
Nunca possas descanso gozar:
Não encontres um tronco, uma pedra,
Posta ao sol, posta às chuvas e aos ventos,
Padecendo os maiores tormentos,
Onde possas a fronte pousar.

"Que a teus passos a relva se torre;
Murchem prados, a flor desfaleça,
E o regato que límpido corre,
Mais te acenda o vesano furor;
Suas águas depressa se tornem,
Ao contacto dos lábios sedentos,
Lago impuro de vermes nojentos,
Donde fujas com asco e terror!

"Sempre o céu, como um teto incendido,
Creste e punja teus membros malditos,
E oceano de pó denegrido
Seja a terra ao ignavo tupi!
Miserável, faminto, sedento,
Manitôs lhe não falem nos sonhos,
E do horror os espectros medonhos
Traga sempre o cobarde após si.

"Um amigo não tenhas piedoso
Que o teu corpo na terra embalsame,
Pondo em vaso d'argila cuidoso
Arco e flecha e tacape a teus pés!
Sê maldito, e sozinho na terra;
Pois que a tanta vileza chegaste,
Que em presença da morte choraste,
Tu, cobarde, meu filho não és."

IX

Isto dizendo, o miserando velho
A quem Tupã tamanha dor, tal fado
Já nos confins da vida reservara,
Vai com trêmulo pé, com as mãos já frias
Da sua noite escura as densas trevas
Palpando. – Alarma! alarma! – O velho para.
O grito que escutou é voz do filho,
Voz de guerra que ouviu já tantas vezes
Noutra quadra melhor. – Alarma! alarma!
– Esse momento só vale apagar-lhe
Os tão compridos transes, as angústias,
Que o frio coração lhe atormentaram

De guerreiro e de pai: – vale, e de sobra.
Ele que em tanta dor se contivera,
Tomado pelo súbito contraste,
Desfaz-se agora em pranto copioso,
Que o exaurido coração remoça.

A taba se alborota, os golpes descem,
Gritos, imprecações profundas soam,
Emaranhada a multidão braveja,
Revolve-se, enovela-se confusa,
E mais revolta em mor furor se acende.
E os sons dos golpes que incessantes fervem,
Vozes, gemidos, estertor de morte
Vão longe pelas ermas serranias
Da humana tempestade propagando
Quantas vagas de povo enfurecido
Contra um rochedo vivo se quebravam.

Era ele, o Tupi; nem fora justo
Que a fama dos Tupis – o nome, a glória,
Aturado labor de tantos anos,
Derradeiro brasão da raça extinta,
De um jacto e por um só se aniquilasse.
– Basta! clama o chefe dos Timbiras,
– Basta, guerreiro ilustre! assaz lutaste,
E para o sacrifício é mister forças. –

O guerreiro parou, caiu nos braços
Do velho pai, que o cinge contra o peito,
Com lágrimas de júbilo bradando:
"Este, sim, que é meu filho muito amado!
E pois que o acho enfim, qual sempre o tive,
Corram livres as lágrimas que choro,
Estas lágrimas, sim, que não desonram."

X

Um velho Timbira, coberto de glória,
         Guardou a memória
Do moço guerreiro, do velho Tupi!
E à noite, nas tabas, se alguém duvidava
Do que ele contava,
Dizia prudente: – "Meninos, eu vi!

"Eu vi o brioso no largo terreiro
Cantar prisioneiro
Seu canto de morte, que nunca esqueci:
Valente, como era, chorou sem ter pejo;
Parece que o vejo,
Que o tenho nest'hora diante de mi.

"Eu disse comigo: Que infâmia d'escravo!
Pois não, era um bravo;
Valente e brioso, como ele, não vi!
E à fé que vos digo: parece-me encanto
Que quem chorou tanto,
Tivesse a coragem que tinha o Tupi!"

Assim o Timbira, coberto de glória,
Guardava a memória
Do moço guerreiro, do velho Tupi.
E à noite nas tabas, se alguém duvidava
Do que ele contava,
Tornava prudente: "Meninos, eu vi!"

A TEMPESTADE

Quem porfiar contigo... ousara
Da glória o poderio;
Tu que fazes gemer pendido o cedro,
Turbar-se o claro rio?

A. Herculano

Um raio
Fulgura
No espaço
Esparso,
De luz;
E trêmulo
E puro
Se aviva,
S'esquiva,
Rutila,
Seduz!

Vem a aurora
Pressurosa,
Cor-de-rosa,
Que se cora
De carmim;
A seus raios
As estrelas,
Que eram belas,
Têm desmaios,
Já por fim.

O sol desponta
Lá no horizonte,
Doirando a fonte,
E o prado e o monte
E o céu e o mar;

E um manto belo
De vivas cores
Adorna as flores,
Que entre verdores
Se vê brilhar.

Um ponto aparece,
Que o dia entristece,
O céu, onde cresce,
De negro a tingir;
Oh! vêde a procela
Infrene, mas bela,
No ar s'encapela
Já pronta a rugir!

Não solta a voz canora
No bosque o vate alado,
Que um canto d'inspirado
Tem sempre a cada aurora;
É mudo quanto habita
Da terra n'amplidão.
A coma então luzente
Se agita do arvoredo,
E o vate um canto a medo
Desfere lentamente,
Sentindo opresso o peito
De tanta inspiração.

Fogem do vento que ruge
As nuvens aurinevadas,
Como ovelhas assustadas
Dum fero lobo cerval;
Estilham-se como as velas
Que no alto mar apanha,
Ardendo na usada sanha,
Subitâneo vendaval.

Bem como serpentes que o frio
Em nós emaranha, — salgadas
As ondas s'estanham, pesadas
Batendo no frouxo areal.
Disseras que viras vagando
Nas furnas do céu entreabertas
Que mudas fuzilam, — incertas
Fantasmas do gênio do mal!

E no túrgido ocaso se avista
Entre a cinza que o céu apolvilha,
Um clarão momentâneo que brilha,
Sem das nuvens o seio rasgar;
Logo um raio cintila e mais outro,
Ainda outro veloz, fascinante,
Qual centelha que em rápido instante
Se converte d'incêndios em mar.

Um som longínquo cavernoso e ouço
Rouqueja, e n'amplidão do espaço morre;
Eis outro inda mais perto, inda mais rouco,
Que alpestres cimos mais veloz percorre.
Troveja, estoura, atroa; e dentro em pouco
Do norte ao sul, — dum ponto a outro corre:
Devorador incêndio alastra os ares,
Enquanto a noite pesa sobre os mares.

Nos últimos cimos dos montes erguidos
Já silva, já ruge do vento o pegão;
Estorcem-se os leques dos verdes palmares,
Volteiam, rebramam, doudejam nos ares,
Até que lascados baqueiam no chão.

Remexe-se a copa dos troncos altivos,
Transtorna-se, tolda, baqueia também;
E o vento, que as rochas abala no cerro.
Os troncos enlaça nas asas de ferro,
E atira-os raivoso dos montes além.

Da nuvem densa, que no espaço ondeia,
Rasga-se o negro bojo carregado,
E enquanto a luz do raio o sol roxeia,
Onde parece à terra estar colado,
Da chuva, que os sentidos nos enleia,
O forte peso em turbilhão mudado,
Das ruínas completa o grande estrago,
Parecendo mudar a terra em lago.

Inda ronca o trovão retumbante,
Inda o raio fuzila no espaço,
E o corisco num rápido instante
Brilha, fulge, rutila, e fugiu.
Mas se à terra desceu, mirra o tronco,
Cega o triste que iroso ameaça,
E o penedo, que as nuvens devassa,
Como tronco sem viço partiu.

Deixando a palhoça singela,
Humilde labor da pobreza,
Da nossa vaidosa grandeza,
Nivela os fastígios sem dó;
E os templos e as grimpas soberbas,
Palácio ou mesquita preclara,
Que a foice do tempo poupara,
Em breves momentos é pó.

Cresce a chuva, os rios crescem,
Pobres regatos s'empolam,
E nas turvas ondas rolam
Grossos troncos a boiar!
O córrego, qu'inda há pouco
No torrado leito ardia,
É já torrente bravia,
Que da praia arreda o mar.

Mas ai do desditoso,
Que viu crescer a enchente
E desce descuidoso
Ao vale, quando sente
Crescer dum lado e d'outro
O mar da aluvião!
Os troncos arrancados
Sem rumo vão boiantes;
E os tetos arrasados,
Inteiros, flutuantes,
Dão antes crua morte,
Que asilo e proteção!

Porém no ocidente
S'ergueu de repente
O arco luzente,
De Deus o farol;
Sucedem-se as cores,
Qu'imitam as flores,
Que sembram primores
Dum novo arrebol.

Nas águas pousa;
E a base viva
De luz esquiva,
E a curva altiva
Sublima ao céu;
Inda outro arqueia,
Mais desbotado,
Quase apagado,
Como embotado
De tênue véu.

Tal a chuva
Transparece,
Quando desce
E ainda vê-se
O sol luzir;
Como a virgem,
Que numa hora
Ri-se e cora,
Depois chora
E torna a rir.

A folha
Luzente
Do orvalho
Nitente
A gota
Retrai:
Vacila,
Palpita;
Mais grossa,
Hesita,
E treme
E cai.

ÁLVARES DE AZEVEDO
(1831 – 1852)

Nascido a 12 de setembro de 1831 em São Paulo, onde seu pai estudava, transferiu-se cedo para o Rio de Janeiro. Sensível e adoentado, estuda, sempre com brilho, nos Colégios Stoll e Dom Pedro II, onde é aluno de Gonçalves de Magalhães, introdutor do Romantismo no Brasil. Aos 16 anos, ávido leitor de poesia, muda-se para São Paulo para cursar a Faculdade de Direito. Torna-se amigo íntimo de Aureliano Lessa e Bernardo Guimarães, também poetas e célebres boêmios, prováveis membros da Sociedade Epicureia. Sua participação nessa sociedade secreta, que promovia orgias famosas, tanto pela devassidão escandalosa, quanto por seus aspectos mórbidos e satânicos, é negada por seus biógrafos mais respeitáveis. Mas a lenda em muito contribuiu para que se difundisse a sua imagem de "Byron brasileiro". Sofrendo de tuberculose, conclui o quarto ano do curso de Direito e vai passar as férias no Rio de Janeiro. No entanto, ao passear a cavalo pelas ruas do Rio, sofre uma queda, que traz à tona um tumor na fossa ilíaca. Sofrendo dores terríveis, é operado – sem anestesia, atestam seus familiares – e, após 46 dias de padecimento, vem a falecer no Domingo de Páscoa, 25 de abril de 1852.

Representante máximo do ultrarromantismo na poesia brasileira, Álvares de Azevedo apresenta, além dos conhecidos poemas sentimentais, também uma poesia irônica e prosaica em que aborda com rara consciência crítica, principalmente em se tratando de um poeta de tão pouca idade, o exagero de sentimentalismo de sua geração.

SE EU MORRESSE AMANHÃ!

Se eu morresse amanhã, viria ao menos
Fechar meus olhos minha triste irmã;
Minha mãe de saudades morreria
    Se eu morresse amanhã!

Quanta glória pressinto em meu futuro!
Que aurora de porvir e que manhã!
Eu perdera chorando essas coroas
    Se eu morresse amanhã!

Que sol! que céu azul! que doce n'alva
Acorda a natureza mais loucã!
Não me batera tanto amor no peito,
    Se eu morresse amanhã!

Mas essa dor da vida que devora
A ânsia de glória, o dolorido afã...
A dor no peito emudecera ao menos
    Se eu morresse amanhã!

IDEIAS ÍNTIMAS (Fragmento)

> *La chaise où je m'assieds, la natte où je me couche,*
> *La table où je t'écris.*
> ....
> *Mes gros souliers ferrés, mon bâton, mon chapeau,*
> *Mes livres pêle-mêle entassés sur leur planche*
> ....
> *De cet espace étroit sont tout l'ameublement.*[3]

LAMARTINE, JOCELYN

I

Ossian o bardo é triste como a sombra
Que seus cantos povoa. O Lamartine
É monótono e belo como a noite,
Como a lua no mar e o som das ondas...
Mas pranteia uma eterna monodia,
Tem na lira do gênio uma só corda,
Fibra de amor e Deus que um sopro agita:
Se desmaia de amor a Deus se volta,
Se pranteia por Deus de amor suspira.
Basta de Shakespeare. Vem tu agora,
Fantástico alemão, poeta ardente
Que ilumina o clarão das gotas pálidas
Do nobre Johannisberg! Nos teus romances
Meu coração deleita-se... Contudo

---

3 "A cadeira em que me sento, a esteira em que me deito. / A mesa onde te escrevo. / ... Meus pesados e grossos sapatos, meu bastão, meu chapéu, / Meus livros desordenados espalhados sobre a prateleira / ... Neste espaço estreito está toda a mobília."

Parece-me que vou perdendo o gosto,
Vou ficando *blasé*, passeio os dias
Pelo meu corredor, sem companheiro,
Sem ler, nem poetar. Vivo fumando.
Minha casa não tem menores névoas
Que as deste céu d'inverno... Solitário
Passo as noites aqui e os dias longos;
Dei-me agora ao charuto em corpo e alma;
Debalde ali de um canto um beijo implora,
Como a beleza que o Sultão despreza,
Meu cachimbo alemão abandonado!
Não passeio a cavalo e não namoro;
Odeio o *lansquenê*... Palavra d'honra!
Se assim me continuam por dois meses
Os diabos azuis nos frouxos membros,
Dou na Praia Vermelha ou no Parnaso.

II

Enchi o meu salão de mil figuras.
Aqui voa um cavalo no galope,
Um roxo *dominó* as costas volta
A um cavaleiro de alemães bigodes,
Um preto beberrão sobre uma pipa,
Aos grossos beiços a garrafa aperta...
Ao longo das paredes se derramam
Extintas inscrições de versos mortos,
E mortos ao nascer... Ali na alcova
Em águas negras se levanta a ilha
Romântica, sombria à flor das ondas
De um rio que se perde na floresta...
Um sonho de mancebo e de poeta,
El-Dorado de amor que a mente cria
Como um Éden de noites deleitosas...
Era ali que eu podia no silêncio
Junto de um anjo... Além o romantismo!
Borra adiante folgaz caricatura
Com tinta de escrever e pó vermelho

A gorda face, o volumoso abdômen,
E a grossa penca do nariz purpúreo
Do alegre vendilhão entre botelhas
Metido num tonel... Na minha cômoda
Meio encetado o copo inda verbera
As águas d'oiro do *Cognac* fogoso.
Negreja ao pé narcótica botelha
Que da essência de flores de laranja
Guarda o licor que nectariza os nervos.
Ali mistura-se o charuto Havano
Ao mesquinho cigarro e ao meu cachimbo.
A mesa escura cambaleia ao peso
Do titânio *Digesto*, e ao lado dele
Childe Harold entreaberto ou Lamartine.
Mostra que o romanismo se descuida
E que a poesia sobrenada sempre
Ao pesadelo clássico do estudo.

III

Reina a desordem pela sala antiga,
Desce a teia de aranha as bambinelas
À estante pulvurenta. A roupa, os livros
Sobre as cadeiras poucas se confundem.
Marca a folha do *Faust* um colarinho
E Alfredo de Musset encobre às vezes
De Guerreiro ou Valasco um texto obscuro.
Como outrora do mundo os elementos
Pela treva jogando cambalhotas,
Meu quarto, mundo em caos, espera um *Fiat!*

IV

Na minha sala três retratos pendem.
Ali Victor Hugo. Na larga fronte
Erguidos luzem os cabelos loiros
Como c' roa soberba. Homem sublime,
O poeta de Deus e amores puros

Que sonhou Triboulet, Marion Delorme
E Esmeralda a Cigana... e diz a crônica
Que foi aos tribunais parar um dia
Por amar as mulheres dos amigos
E adúlteros fazer *romances vivos*.

V

Aquele é Lamennais – o bardo santo,
Cabeça de profeta, ungido crente,
Alma de fogo na mundana argila
Que as harpas de Sion vibrou na sombra,
Pela noite do século chamando
A Deus e à liberdade as loucas turbas.
Por ele a George Sand morreu de amores,
E dizem que... Defronte, aquele moço
Pálido, pensativo, a fronte erguida,
Olhar de Bonaparte em face Austríaca,
Foi do homem secular as esperanças.
No berço imperial um céu de Agosto
Nos cantos de triunfo despertou-o...
As águias de Wagram e de Marengo
Abriam flamejando as longas asas
Impregnadas do fumo dos combates,
Na púrpura dos Césares, guardando-o.
E o gênio do futuro parecia
Predestiná-lo à glória. A história dele?
Resta um crânio nas urnas do estrangeiro...
Um loureiro sem flores nem sementes...
E um passado de lágrimas... A terra
Tremeu ao sepultar-se o Rei de Roma.
Pode o mundo chorar sua agonia
E os louros de seu pai na fronte dele
Infecundos depor... Estrela morta,
Só pode o menestrel sagrar-te prantos!

VI

Junto a meu leito, com as mãos unidas,
Olhos fitos no céu, cabelos soltos,
Pálida sombra de mulher formosa
Entre nuvens azuis pranteia orando.
É um retrato talvez. Naquele seio
Porventura sonhei doiradas noites:
Talvez sonhando desatei sorrindo
Alguma vez nos ombros perfumados
Esses cabelos negros, e em delíquio
Nos lábios dela suspirei tremendo.
Foi-se minha visão. E resta agora
Aquela vaga sombra na parede
– Fantasma de carvão e pó cerúleo,
Tão vaga, tão extinta e fumarenta
Como de um sonho o recordar incerto.

VII

Em frente do meu leito, em negro quadro
A minha amante dorme. É uma estampa
De bela adormecida. A rósea face
Parece em visos de um amor lascivo
De fogos vagabundos acender-se...
E com a nívea mão recata o seio...
Oh! quantas vezes, ideal mimoso,
Não encheste minh'alma de ventura,
Quando louco, sedento e arquejante,
Meus tristes lábios imprimi ardentes
No poento vidro que te guarda o sono!

VIII

O pobre leito meu desfeito ainda
A febre aponta da noturna insônia.

Aqui lânguido a noite debati-me
Em vãos delírios anelando um beijo...
E a donzela ideal nos róseos lábios,
No doce berço do moreno seio
Minha vida embalou estremecendo...
Foram sonhos contudo. A minha vida
Se esgota em ilusões. E quando a fada
Que diviniza meu pensar ardente
Um instante em seus braços me descansa
E roça a medo em meus ardentes lábios
Um beijo que de amor me turva os olhos.
Me ateia o sangue, me enlanguesce a fronte,
Um espírito negro me desperta,
O encanto do meu sonho se evapora
E das nuvens de nácar da ventura
Rolo tremendo à solidão da vida!

IX

Oh! ter vinte anos sem gozar de leve
A ventura de uma alma de donzela!
E sem na vida ter sentido nunca
Na suave atração de um róseo corpo
Meus olhos turvos se fechar de gozo!
Oh! nos meus sonhos, pelas noites minhas
Passam tantas visões sobre meu peito!
Palor de febre meu semblante cobre,
Bate meu coração com tanto fogo!
Um doce nome os lábios meus suspiram,
Um nome de mulher... e vejo lânguida
No véu suave de amorosas sombras
Seminua, abatida, a mão no seio,
Perfumada visão romper a nuvem,
Sentar-se junto a mim, nas minhas pálpebras
O alento fresco e leve como a vida
Passar delicioso... Que delírios!

Acordo palpitante... inda a procuro;
Embalde a chamo, embalde as minhas lágrimas
Banham meus olhos, e suspiro e gemo...
Imploro uma ilusão... tudo é silêncio!
Só o leito deserto, a sala muda!
Amorosa visão, mulher dos sonhos,
Eu sou tão infeliz, eu sofro tanto!
Nunca virás iluminar meu peito
Com um raio de luz desses teus olhos?

X

Meu pobre leito! eu amo-te contudo!

Aqui levei sonhando noites belas;
As longas horas olvidei libando
Ardentes gotas de licor doirado,
Esqueci-as no fumo, na leitura
Das páginas lascivas do romance...

Meu leito juvenil, da minha vida
És a página d'oiro. Em teu asilo
Eu sonho-me poeta, e sou ditoso,
E a mente errante devaneia em mundos
Que esmalta a fantasia! Oh! quantas vezes
Do levante no sol entre odaliscas
Momentos não passei que valem vidas!
Quanta música ouvi que me encantava!
Quantas virgens amei! que Margaridas,
Que Elviras saudosas e Clarissas
Mais trêmulo que Faust eu não beijava,
Mais feliz que Don Juan e Lovelace
Não apertei ao peito desmaiando!

Ó meus sonhos de amor e mocidade,
Por que ser tão formosos, se devíeis
Me abandonar tão cedo... e eu acordava
Arquejando a beijar meu travesseiro?

XI

Junto do leito meus poetas dormem
– O Dante, a Bíblia, Shakespeare e Byron –
Na mesa confundidos. Junto deles
Meu velho candeeiro se espreguiça
E parece pedir a formatura.
Ó meu amigo, ó velador noturno,
Tu não me abandonaste nas vigílias,
Quer eu perdesse a noite sobre os livros,
Quer, sentado no leito, pensativo
Relesse as minhas cartas de namoro!
Quero-te muito bem, ó meu comparsa
Nas doudas cenas de meu drama obscuro!
E num dia de *spleen*, vindo a pachorra,
Hei de evocar-te num poema heroico
Na rima de Camões e de Ariosto
Como padrão às lâmpadas futuras!
....

XII

Aqui sobre esta mesa junto ao leito
Em caixa negra dous retratos guardo.
Não os profanem indiscretas vistas.
Eu beijo-os cada noite: neste exílio
Venero-os juntos e os prefiro unidos
– Meu pai e minha mãe. – Se acaso um dia
Na minha solidão me acharem morto,
Não os abra ninguém. Sobre meu peito
Lancem-os em meu túmulo. Mais doce
Será certo o dormir da noite negra
Tendo no peito essas imagens puras.

XIII

Havia uma outra imagem que eu sonhava
No meu peito na vida e no sepulcro.

Mas ela não o quis... rompeu a tela
Onde eu pintara meus doirados sonhos.
Se posso no viver sonhar com ela,
Essa trança beijar de seus cabelos
E essas violetas inodoras, murchas,
Nos lábios frios comprimir chorando
Não poderei na sepultura, ao menos,
Sua imagem divina ter no peito.

XIV

Parece que chorei... Sinto na face
Uma perdida lágrima rolando...
Satã leve a tristeza! Olá, meu pajem,
Derrama no meu copo as gotas últimas
Dessa garrafa negra...
    Eia! bebamos!
És o sangue do gênio, o puro néctar
Que as almas de poeta diviniza,
O condão que abre o mundo das magias!
Vem, fogoso *Cognac*! É só contigo
Que sinto-me viver. Inda palpito,
Quando os eflúvios dessas gotas áureas
Filtram no sangue meu correndo a vida,
Vibram-me os nervos e as artérias queimam,
Os meus olhos ardentes se escurecem
E no cérebro passam delirosos
Assomos de poesia... Dentre a sombra
Vejo num leito d'oiro a imagem dela
Palpitante, que dorme e que suspira,
Que seus braços me estende...
      Eu me esquecia:
Faz-se noite; traz fogo e dous charutos
E na mesa do estudo acende a lâmpada...

SONETO

Pálida, à luz da lâmpada sombria,
Sobre o leito de flores reclinada,
Como a lua por noite embalsamada,
Entre as nuvens do amor ela dormia!

Era a virgem do mar, na escuma fria
Pela maré das águas embalada!
Era um anjo entre nuvens d'alvorada
Que em sonhos se banhava e se esquecia!

Era mais bela! o seio palpitando...
Negros olhos as pálpebras abrindo...
Formas nuas no leito resvalando...

Não te rias de mim, meu anjo lindo!
Por ti – as noites eu velei chorando,
Por ti – nos sonhos morrerei sorrindo!

LEMBRANÇA DE MORRER

No more! o never more![4]

SHELLEY

Quando em meu peito rebentar-se a fibra,
Que o espírito enlaça à dor vivente,
Não derramem por mim nem uma lágrima
Em pálpebra demente.

E nem desfolhem na matéria impura
A flor do vale que adormece ao vento:
Não quero que uma nota de alegria
Se cale por meu triste passamento.

Eu deixo a vida como deixa o tédio
Do deserto, o poento caminheiro
– Como as horas de um longo pesadelo
Que se desfaz ao dobre de um sineiro;

Como o desterro de minh'alma errante,
Onde fogo insensato a consumia:
Só levo uma saudade – é desses tempos
Que amorosa ilusão embelecia.

Só levo uma saudade – é dessas sombras
Que eu sentia velar nas noites minhas...
De ti, ó minha mãe, pobre coitada
Que por minha tristeza te definhas!

De meu pai... de meus únicos amigos,
Poucos – bem poucos – e que não zombavam
Quando, em noites de febre endoudecido,
Minhas pálidas crenças duvidavam.

4 "Não mais! Oh nunca mais!"

Se uma lágrima as pálpebras me inunda,
Se um suspiro nos seios treme ainda
É pela virgem que sonhei... que nunca
Aos lábios me encostou a face linda!

Só tu à mocidade sonhadora
Do pálido poeta deste flores...
Se viveu, foi por ti! e de esperança
De na vida gozar de teus amores.

Beijarei a verdade santa e nua,
Verei cristalizar-se o sonho amigo...
Ó minha virgem dos errantes sonhos,
Filha do céu, eu vou amar contigo!

Descansem o meu leito solitário
Na floresta dos homens esquecida,
À sombra de uma cruz, e escrevam nela:
– Foi poeta – sonhou – e amou na vida. –

Sombras do vale, noites da montanha
Que minha alma cantou e amava tanto,
Protegei o meu corpo abandonado,
E no silêncio derramai-lhe um canto!

Mas quando preludia ave d' aurora
E quando à meia-noite o céu repousa,
Arvoredos do bosque, abri os ramos...
Deixai a lua pratear-me a lousa!

NAMORO A CAVALO

Eu moro em Catumbi. Mas a desgraça
Que rege minha vida malfadada,
Pôs lá no fim da rua do Catete
A minha Dulcineia namorada.

Alugo (três mil réis) por uma tarde
Um cavalo de trote (que esparrela!)
Só para erguer meus olhos suspirando
À minha namorada na janela...

Todo o meu ordenado vai-se em flores
E em lindas folhas de papel bordado
Onde eu escrevo trêmulo, amoroso,
Algum verso bonito... mas furtado.

Morro pela menina, junto dela
Nem ouso suspirar de acanhamento...
Se ela quisesse eu acabava a história
Como toda a Comédia – em casamento.

Ontem tinha chovido... Que desgraça!
Eu ia a trote inglês ardendo em chama,
Mas lá vai senão quando uma carroça
Minhas roupas tafuis encheu de lama...

Eu não desanimei. Se Dom Quixote
No Rocinante erguendo a larga espada
Nunca voltou de medo, eu, mais valente,
Fui mesmo sujo ver a namorada...

Mas eis que no passar pelo sobrado
Onde habita nas lojas minha bela
Por ver-me tão lodoso ela irritada
Bateu-me sobre as ventas a janela...

O cavalo ignorante de namoros
Entre dentes tomou a bofetada,
Arripia-se, pula, e dá-me um tombo
Com pernas para o ar, sobre a calçada...

Dei ao diabo os namoros. Escovado
Meu chapéu que sofrera no pagode
Dei de pernas corrido e cabisbaixo
E berrando de raiva como um bode.

Circunstância agravante. A calça inglesa
Rasgou-se no cair de meio a meio,
O sangue pelas ventas me corria
Em paga do amoroso devaneio!...

É ELA! É ELA! É ELA! É ELA!

É ela! é ela! – murmurei tremendo,
E o eco ao longe murmurou – é ela!
Eu a vi – minha fada aérea e pura –
A minha lavadeira na janela!

Dessas águas-furtadas onde eu moro
Eu a vejo estendendo no telhado
Os vestidos de chita, as saias brancas;
Eu a vejo e suspiro enamorado!

Esta noite eu ousei mais atrevido
Nas telhas que estalavam nos meus passos
Ir espiar seu venturoso sono,
Vê-la mais bela de Morfeu nos braços!

Como dormia! que profundo sono!...
Tinha na mão o ferro do engomado...
Como roncava maviosa e pura!...
Quase caí na rua desmaiado!

Afastei a janela, entrei medroso:
Palpitava-lhe o seio adormecido...
Fui beijá-la... roubei do seio dela
Um bilhete que estava ali metido...

Oh! de certo... (pensei) é doce página
Onde a alma derramou gentis amores;
São versos dela... que amanhã de certo
Ela me enviará cheios de flores...

Tremi de febre! Venturosa folha!
Quem pousasse contigo neste seio!
Como Otelo beijando a sua esposa,
Eu beijei-a a tremer de devaneio.

É ela! é ela! – repeti tremendo;
Mas cantou nesse instante uma coruja...
Abri cioso a página secreta...
Oh! meu Deus! era um rol de roupa suja!

Mas se Werther morreu por ver Carlota
Dando pão com manteiga às criancinhas,
Se achou-a assim mais bela, – eu mais te adoro
Sonhando-te a lavar as camisinhas!

É ela! é ela! meu amor, minh'alma,
A Laura, a Beatriz que o céu revela...
É ela! é ela! – murmurei tremendo,
E o eco ao longe suspirou – é ela! –

A LAGARTIXA

A lagartixa ao sol ardente vive
E fazendo verão o corpo espicha:
O clarão de teus olhos me dá vida,
Tu és o sol e eu sou a lagartixa.

Amo-te como o vinho e como o sono,
Tu és meu copo e amoroso leito...
Mas teu néctar de amor jamais se esgota,
Travesseiro não há como teu peito.

Posso agora viver: para coroas
Não preciso no prado colher flores;
Engrinaldo melhor a minha fronte
Nas rosas mais gentis de teus amores.

Vale todo um harém a minha bela,
Em fazer-me ditoso ela capricha;
Vivo ao sol de seus olhos namorados,
Como ao sol de verão a lagartixa.

SONETO

Ao sol do meio-dia eu vi dormindo
Na calçada da rua um marinheiro,
Roncava a todo o pano o tal brejeiro
Do vinho nos vapores se expandindo!

Além um Espanhol eu vi sorrindo
Saboreando um cigarro feiticeiro,
Enchia de fumaça o quarto inteiro.
Parecia de gosto se esvaindo!

Mais longe estava um pobretão careca
De uma esquina lodosa no retiro
Enlevado tocando uma rabeca!

Venturosa indolência! não deliro
Se morro de preguiça... o mais é seca!
Desta vida o que mais vale um suspiro?

MINHA DESGRAÇA

Minha desgraça, não, não é ser poeta,
Nem na terra de amor não ter um eco,
E meu anjo de Deus, o meu planeta
Tratar-me como trata-se um boneco...

Não é andar de cotovelos rotos,
Ter duro como pedra o travesseiro...
Eu sei... O mundo é um lodaçal perdido
Cujo sol (quem mo dera!) é o dinheiro...

Minha desgraça, ó cândida donzela,
O que faz que o meu peito assim blasfema,
É ter para escrever todo um poema,
E não ter um vintém para uma vela.

MEU SONHO

EU

Cavaleiro das armas escuras,
Onde vais pelas trevas impuras
Com a espada sanguenta na mão?
Por que brilham teus olhos ardentes
E gemidos nos lábios frementes
Vertem fogo do teu coração?

Cavaleiro, quem és? o remorso?
Do corcel te debruças no dorso...
E galopas do vale através...
Oh! da estrada acordando as poeiras
Não escutas gritar as caveiras
E morder-te o fantasma nos pés?

Onde vais pelas trevas impuras,
Cavaleiro das armas escuras,
Macilento qual morto na tumba?...
Tu escutas... Na longa montanha
Um tropel teu galope acompanha?
E um clamor de vingança retumba?

Cavaleiro, quem és? – que mistério,
Quem te força da morte no império
Pela noite assombrada a vagar?

O FANTASMA

Sou o sonho de tua esperança,
Tua febre que nunca descansa,
O delírio que te há de matar!...

JUNQUEIRA FREIRE
(1832 – 1855)

Luís José Junqueira Freire, nascido em Salvador, ingressou, aos 19 anos, na Ordem dos Beneditinos. Pernaneceu enclausurado até 1854, quando, atormentado pela falta de vocação, abandonou a vida monástica. Seus poemas, reunidos em *Inspirações do Claustro* (1855), estão carregados de culpa, revelando uma sexualidade latente e reprimida. Retratam o jovem angustiado e depressivo que se sente incapaz de seguir a vida religiosa e que encontra na morte o seu único escape.

MARTÍRIO

Beijar-te a fronte linda:
Beijar-te o aspecto altivo:
Beijar-te a tez morena:
Beijar-te o rir lascivo:

Beijar-te o ar que aspiras:
Beijar-te o pó que pisas:
Beijar-te a voz que soltas:
Beijar-te a luz que visas:

Sentir teus modos frios:
Sentir tua apatia:
Sentir até répúdio:
Sentir essa ironia:

Sentir que me resguardas:
Sentir que me arreceias:
Sentir que me repugnas:
Sentir que até me odeias:

Eis a descrença e a crença,
Eis o absinto e a flor,
Eis o amor e o ódio,
Eis o prazer e a dor!

Eis o estertor da morte,
Eis o martírio eterno,
Eis o ranger dos dentes,
Eis o penar do inferno!

DESEJO

(Hora de delírio)

Se além dos mundos esse inferno existe,
  Essa pátria de horrores,
Onde habitam os tétricos tormentos,
  As inefáveis dores;

Se ali se sente o que jamais na vida
  O desespero inspira:
Se o suplício maior, que a mente finge,
  A mente ali respira;

Se é de compacta, de infinita brasa
  O solo que se pisa:
Se é fogo, e fumo, e súlfur, e terrores
  Tudo que ali se visa;

Se ali se goza um gênero inaudito
  De sensações terríveis;
Se ali se encontra esse real de dores
  Na vida não possíveis;

Se é verdade esse quadro que imaginam
  As seitas dos cristãos;
Se esses demônios, anjos maus, ou fúrias,
  Não são uns erros vãos;

Eu – que tenho provado neste mundo
  As sensações possíveis;
Que tenho ido da afecção mais terna
  Às penas mais incríveis;

Eu – que tenho pisado o colo altivo
De vária e muita dor;
Que tenho sempre das batalhas dela
Surgido vencedor;

Eu – que tenho arrostado imensas mortes,
E que pareço eterno;
Eu quero de uma vez morrer pra sempre,
Entrar por fim no inferno!

Eu quero ver se encontro ali no abismo
Um tormento invencível:
– Desses que achá-los na existência toda
Jamais será possível!

Eu quero ver se encontro alguns suplícios,
Que o coração me domem;
Quero lhe ouvir esta palavra incógnita:
– "Chora por fim, – que és homem!"

Que, de arrostar as dores desta vida,
Quase pareço eterno!
Estou cansado de vencer o mundo,
Quero vencer o inferno!

MORTE

(Hora de delírio)

Pensamento gentil de paz eterna,
Amiga morte, vem. Tu és o termo
De dous fantasmas que a existência formam,
– Dessa alma vã e desse corpo enfermo.

Pensamento gentil de paz eterna,
Amiga morte, vem. Tu és o nada,
Tu és a ausência das moções da vida,
Do prazer que nos custa a dor passada.

Pensamento gentil de paz eterna,
Amiga morte, vem. Tu és apenas
A visão mais real das que nos cercam,
Que nos extingues as visões terrenas.

Nunca temi tua destra,
Não sou o vulgo profano;
Nunca pensei que teu braço
Brande um punhal sobr'-humano.

Nunca julguei-te em meus sonhos
Um esqueleto mirrado;
Nunca dei-te, pra voares,
Terrível ginete alado.

Nunca te dei uma fouce
Dura, fina e recurvada;
Nunca chamei-te inimiga,
Ímpia, cruel, ou culpada.

Amei-te sempre: – e pertencer-te quero
Para sempre também, amiga morte.
Quero o chão, quero a terra, – esse elemento
Que não se sente dos vaivéns da sorte.

Para tua hecatombe de um segundo
Não falta alguém? – Preencha-a comigo:
Leva-me à região da paz horrenda,
Leva-me ao nada, leva-me contigo.

Miríades de vermes lá me esperam
Para nascer de meu fermento ainda,
Para nutrir-se de meu suco impuro,
Talvez me espera uma plantinha linda.

Vermes que sobre podridões refervem,
Plantinha que a raiz meus ossos ferra,
Em vós minha alma e sentimento e corpo
Irão em partes agregar-se à terra.

E depois nada mais. Já não há tempo,
Nem vida, nem sentir, nem dor, nem gosto.
Agora o nada, – esse real tão belo
Só nas terrenas vísceras deposto.

Facho que a morte ao lumiar apaga,
Foi essa alma fatal que nos aterra.
Consciência, razão, que nos afligem,
Deram em nada ao baquear em terra.

Única ideia mais real dos homens,
Morte feliz – eu quero-te comigo,
Leva-me à região da paz horrenda,
Leva-me ao nada, leva-me contigo.

Também desta vida à campa
Não transporto uma saudade.
Cerro meus olhos contente
Sem um ai de ansiedade.

E como autômato infante
Que inda não sabe mentir,
Ao pé da morte querida
Hei de insensato sorrir.

Por minha face sinistra
Meu pranto não correrá.
Em meus olhos moribundos
Terrores ninguém lerá.

Não achei na terra amores
Que merecessem os meus.
Não tenho um ente no mundo
A quem diga o meu – adeus.

Não posso da vida à campa
Transportar uma saudade.
Cerro meus olhos contente
Sem um ai de ansiedade.

Por isso, ó morte, eu amo-te e não temo:
Por isso, ó morte, eu quero-te comigo.
Leva-me à região da paz horrenda,
Leva-me ao nada, leva-me contigo.

JOAQUIM DE SOUSÂNDRADE
(1833 – 1902)

Joaquim de Sousa Andrade, nascido na vila de Guimarães, no Maranhão, formou-se em Letras pela Sorbonne, em Paris, onde fez também o curso de engenharia de minas. Republicano convicto e militante, transfere-se, em 1870, para os Estados Unidos. Morando em Nova Iorque, funda o periódico republicano *O Novo Mundo*, publicado em português. Retornando ao Maranhão, comemora com entusiasmo a Proclamação da República. Dedica-se ao ensino de Língua Grega no Liceu Maranhense e passa, no final da vida, por enormes dificuldades financeiras. Morre em São Luís, abandonado, na miséria e considerado louco. Sua obra foi esquecida durante décadas. Resgatada no início da década de 1960, pelos poetas Augusto e Haroldo de Campos, revelou-se uma das mais originais e instigantes de todo o nosso Romantismo.

Em Nova Iorque, publicou sua maior obra, o poema longo *O Guesa Errante* (1874/77), em que utiliza recursos expressivos, como a criação de neologismos e de metáforas vertiginosas, que só foram valorizados muito depois de sua morte. O fragmento incluído nesta antologia, do episódio conhecido como *Inferno de Wall Street*, revela o teor iconoclasta de sua poesia. Em 1877, escreveu: "Ouvi dizer já por duas vezes que *O Guesa Errante* será lido 50 anos depois; entristeci – decepção de quem escreve 50 anos antes".

NOVO ÉDEN

Fragmentos sobre Heleura

Desde a noite funérea, de tristeza
Heleura está doente. Ara, morrendo,
Nunca perdera as cores do semblante,
Um formoso defunto: "vivo! vivo!"
Gritava a filha p'ra que o não levassem:
"Vivo! vivo!" Prenúncios maus, diziam.
Mas para Ut era crença que, dos túmulos,
Corvos de Odin mandando pelo mundo,
Os mortos melhor cumprem seus desígnios.
Ora, a chorar no tum'lo (Ia, em violetas
Mudada pelo amor), perpétuas meigas
Tornara-se Ut-allah, que o amortalharam.

Fundo silêncio estava dia e noite
Na sombria mansão: de longe em longe,
Como rasgam-se as brisas açoitadas
Por vergônteas, manhãs d'esto, etérea aura
Parecia chamando: Heleura!... Heleura!...
Que ela escutava; e nuns baixinhos ecos
A febre arremedando: *He – lê – u – rous...*
Helieiou-urion... Súbito saltava,
Pesar d'Ut e as Armênias vigilantes,
E as seráficas fraldas apanhando,
Nuzinhos pés, a rir toda, irradiava
No aposento a estelífera carreira
Atalanta de luz. E viam nela
A luzente visão dos cintilados
Limões de luz, de luz níveos triângulos
Nessa da cal mortal brancura, o rosto,

O riso, a boca, os olhos brancos, brancos:
E o maternal diamante em pó desfeito
Que vivifica ao cândido diamante,
Torna-a ao leito Ut-allah: "Heleura! Heleura!"

* * *

Heleura

Mirou-se toda: uma áspide a mordera,
Ela o sentiu; fugiu para o aposento
Alcatifado de cravina e de ouro
E onde sonhos levianos não entravam,
Cheiro sentindo de jacintos, vendo
Lábios-luz, verdejantes laranjeiras,
Flores-noivas grinaldas agitando
Sobre um abismo venturoso, em vagas
Como espelhos levando-a, combanidas,
À cristalina limpidez, reférvida
A epiderme num fosfor' luminoso –
Triângulos! triângulos! Semíramis!
A alvura e o sentimento! anéis da trança,
Quando as faces beijavam-lhe, incendiam.
....

* * *

Porém, já prontinha
Co'as alvoradas estava Heleura, vendo:
Alta amarela estrela brilhantíssima;
Cadentes sul-meteoros luminosos
Do mais divino pó de luz; véus ópalos
Abrindo ao oriente a homérea rododáctila
Aurora! e ao cristalino firmamento
Cygni – esse par de sóis unidos sempre,
Invisíveis; e que ela via claros
Dadas mãos, em suas órbitas eternas
Qual num lago ideal as belas asas
Por essa imensidade.............................

O INFERNO DE WALL STREET

(fragmento)

(*Freeloves* meditando nas *free-burglars* belas artes:)
– Roma, começou pelo roubo;
New York, rouba a nunca acabar,
O Rio, *antropófago*;
= *Ofiófago*
Newark... tudo pernas pra o ar...

(W. CHILDS; A. M. elegiando sobre o filho de
SARAH STEVENS:)
– Por sobre o fraco a morte esvoaça...
Chicago em chama, em chama Boston,
De amor Hell-Gate é esta frol...
Que John Caracol,
Chuva e sol,
Gil-engendra em gil rouxinol...
Civilização... ão!... *Court-hall!*

(Fletcher historiando com chaves de SÃO
PEDRO e pedras de SÃO PAULO:)
– Brasil, é braseiro de rosas;
A União, estados de amor:
Floral... sub espinhos
Daninhos;
Espinhal... sub flor e mais flor.

(COLUMBUS p,erdendo e VESPUCCI ganhan-
do, pelas formas:)
– Em Cundin-Amarca, El Dorado,
O Zac em pó de ouro a brilhar...
= Amarca é América,
Am-éri-ca:
Bom piloto assim sonda o mar!

(ZOILOS sapando monumentos de antiguidade:)
– Do que o padre Baco-Lusíada
Dom Jaime val' mais pintos mil;
= 'Bandeira Estrelada'
É mudada
Em sol, se iça-a o Rei do Brasil;

– Herculano, é Polichinelo;
Odorico, é pai rococó;
Alencar, refugo;
= Victor Hugo
Doido deus, o 'chefe coimbrão';

– Dos Incas nos *quipos*, Amautas
São Goethe, Moisés, Salomão,
O Byron, o Dante,
O Cervante,
Humboldt e Maury capitão,

Newton's *Principia*, Shak'pear', Milton,
O Alcorão, os Vedas, o Ormuz,
As Mil e Uma Noites,
E açoites
Que dera e levara Jesus:

Pois há, entre o Harold e o Guesa,
Diferença grande, e qual é,
Que um tem alta voz
E o pé *bot*,
'Voz baixa' o outro, e firme o pé.

E cometas, aos aerólitos,
Passando, sacodem pelo ar...
= Vêde os vagabundos
Mimundos
Que ostentam rodar e brilhar!

(LA FONTAINE tomando para uma fábula os
matadores de INÊS DE CASTRO:)
– Formigas não amam cigarras,
Vampiros de Varela Luiz
Não são Pedros crus;
São tatus
Ímpios, cabros, cuís e saguis.

(ZOILOS:)
– Jur'parîpirás (não Evang'lina)
O Governador Maranhão,
Pimentas baianas,
Mundanas,
Trasladava, é o seu galardão.

(O NOVO MUNDO:)
– Bons vates, nada há que se oponha
Mais da vida à conservação
Que de mulher d'outro
Maroto
Ser (leis de Manu) cortesão!

(LONGFELLOW queixando-se; trio dos pais:)
– Dói! dói! dói! a perversidade
Com que às filhas de nosso amor
O mundo denigra!
= S'emigra
Para o inferno uivando de dor!

(Octogenário BRYANT trabalhando:)
– Que bem que descantam as gralhas,
Jeová! Jeová! Ku-Klux
Criando outros mundos
Profundos,
Fizeram as trevas... da luz!

Treva é a *matinée* de Farsália,
Wolfgang, e que tanto custou!
Nem poema preclaro,
Mais caro
Que o Guesa, insolvável se achou!

CASIMIRO DE ABREU
(1839 – 1860)

Nascido na fazenda Indaiaçu, em Barra de São João (RJ), José Marques Casimiro de Abreu cedo abandona os estudos secundários, dedicando-se, por influência paterna, ao comércio. Entre 1853 e 1857, vive em Portugal. Retornando ao Rio de Janeiro, o jovem comerciante leva vida boêmia e publica, com sucesso, seu livro *As Primaveras* (1859). No ano seguinte, morre tuberculoso. Sua poesia, bastante popular, pouco apresenta de inovador. Conhecido como "o poeta da infância", desdobra-se em lamentos exacerbados sobre a pureza perdida. No poema *Amor e Medo*, sintetiza a insegurança adolescente frente ao sexo, o que levou Mário de Andrade a agrupar os poetas do período sob a denominação de "geração do Amor e Medo".

AMOR E MEDO

I

Quando eu te fujo e me desvio cauto
Da luz de fogo que te cerca, oh! bela,
Contigo dizes, suspirando amores:
"– Meu Deus! que gelo, que frieza aquela!"

Como te enganas! meu amor é chama
Que se alimenta no voraz segredo,
E se te fujo é que te adoro louco...
És bela – eu moço; tens amor – eu medo!...

Tenho medo de mim, de ti, de tudo,
Da luz, da sombra, do silêncio ou vozes,
Das folhas secas, do chorar das fontes,
Das horas longas a correr velozes.

O véu da noite me atormenta em dores,
A luz da aurora me intumesce os seios,
E ao vento fresco do cair das tardes
Eu me estremeço de cruéis receios.

É que esse vento que na várzea – ao longe,
Do colmo o fumo caprichoso ondeia,
Soprando um dia tornaria incêndio
A chama viva que teu riso ateia!

Ai! se abrasado crepitasse o cedro,
Cedendo ao raio que a tormenta envia,
Diz: – que seria da plantinha humilde,
Que à sombra dele tão feliz crescia?

A labareda que se enrosca ao tronco
Torrara a planta qual queimara o galho,
E a pobre nunca reviver pudera,
Chovesse embora paternal orvalho!

II

Ai! se eu te visse no calor da sesta,
A mão tremente no calor das tuas,
Amarrotado o teu vestido branco,
Soltos cabelos nas espáduas nuas!...

Ai! se eu te visse, Madalena pura,
Sobre o veludo reclinada a meio,
Olhos cerrados na volúpia doce,
Os braços frouxos – palpitante o seio!...

Ai! se eu te visse em languidez sublime,
Na face as rosas virginais do pejo,
Trêmula a fala a protestar baixinho...
Vermelha a boca, soluçando um beijo!...

Diz: – que seria da pureza d'anjo,
Das vestes alvas, do candor das asas?
– Tu te queimaras, a pisar descalça,
– Criança louca, – sobre um chão de brasas!

No fogo vivo eu me abrasara inteiro!
Ébrio e sedento na fugaz vertigem
Vil, machucara com meu dedo impuro
As pobres flores da grinalda virgem!

Vampiro infame, eu sorveria em beijos
Toda a inocência que teu lábio encerra,
E tu serias no lascivo abraço
Anjo enlodado nos pauis da terra.

Depois... desperta no febril delírio,
– Olhos pisados – como um vão lamento,
Tu perguntaras: – qu'é da minha c'roa?...
Eu te diria: – desfolhou-a o vento!...

Oh! não me chames coração de gelo!
Bem vês: traí-me no fatal segredo,
Se de ti fujo é que te adoro e muito,
És bela – eu moço; tens amor, eu – medo!...

MEUS OITO ANOS

Oh! souvenirs! printemps! aurores![5]

V. Hugo.

Oh! que saudades que tenho
Da aurora da minha vida,
Da minha infância querida
Que os anos não trazem mais!
Que amor, que sonhos, que flores,
Naquelas tardes fagueiras
À sombra das bananeiras,
Debaixo dos laranjais!

Como são belos os dias
Do despontar da existência!
– Respira a alma inocência
Como perfumes a flor;
O mar é – lago sereno,
O céu – um manto azulado,
O mundo – um sonho dourado,
A vida – um hino d' amor!

Que auroras, que sol, que vida,
Que noites de melodia
Naquela doce alegria,
Naquele ingênuo folgar!
O céu bordado d' estrelas,
A terra de aromas cheia
As ondas beijando a areia
E a lua beijando o mar!

Oh! dias da minha infância!
Oh! meu céu de primavera!
Que doce a vida não era
Nessa risonha manhã!

5 "Oh! lembranças! primaveras! auroras!"

Em vez das mágoas de agora,
Eu tinha nessas delícias
De minha mãe as carícias
E beijos de minhã irmã!

Livre filho das montanhas,
Eu ia bem satisfeito,
Da camisa aberto o peito,
– Pés descalços, braços nus –
Correndo pelas campinas
À roda das cachoeiras,
Atrás das asas ligeiras
Das borboletas azuis!

Naqueles tempos ditosos
Ia colher as pitangas,
Trepava a tirar as mangas,
Brincava à beira do mar;
Rezava as Ave-Marias,
Achava o céu sempre lindo,
Adormecia sorrindo
E despertava a cantar!

....

Oh! que saudades que tenho
Da aurora da minha vida,
Da minha infância querida
Que os anos não trazem mais!
– Que amor, que sonhos, que flores,
Naquelas tardes fagueiras
À sombra das bananeiras,
Debaixo dos laranjais!

208

A VALSA

A M.

Tu ontem,
Na dança
Que cansa,
Voavas
Co'as faces
Em rosas
Formosas
De vivo,
Lascivo
Carmim;
Na valsa
Tão falsa,
Corrias
Fugias,
Ardente,
Contente,
Tranquila,
Serena,
Sem pena
De mim!

Quem dera
Que sintas
As dores
De amores
Que louco
Senti!
Quem dera
Que sintas!...
– Não negues,
Não mintas...
– Eu vi!...

Valsavas:
– Teus belos
Cabelos,
Já soltos,
Revoltos,
Saltavam,
Voavam,
Brincavam
No colo
Que é meu;
E os olhos
Escuros
Tão puros,
Os olhos
Perjuros
Volvias.
Tremias,
Sorrias
P'ra outro
Não eu!

Quem dera
Que sintas
As dores
De amores
Que louco
Senti!
Quem dera
Que sintas!...
– Não negues,
Não mintas...
– Eu vi!...

Meu Deus!
Eras bela
Donzela.
Valsando,
Sorrindo,
Fugindo.
Qual silfo
Risonho
Que em sonho
Nos vem!
Mas esse
Sorriso
Tão liso
Que tinhas
Nos lábios
De rosa,
Formosa,
Tu davas,
Mandavas
A quem?!

Quem dera
Que sintas
As dores
De amores
Que louco
Senti!
Quem dera
Que sintas!...
– Não negues,
Não mintas...
– Eu vi!...

Calado
Sozinho,
Mesquinho,
Em zelos
Ardendo,
Eu vi-te
Correndo
Tão falsa
Na valsa
Veloz!
Eu triste
Vi tudo!
Mas mudo
Não tive
Nas galas
Das salas,
Nem falas,
Nem cantos,
Nem prantos
Nem voz!

Quem dera
Que sintas
As dores
De amores
Que louco
Senti!
Quem dera
Que sintas!...
– Não negues,
Não mintas...
– Eu vi!...

Na valsa
Cansaste;
Ficaste
Prostrada.
Turbada!
Pensavas,
Cismavas,
E estavas
Tão pálida
Então;
Qual pálida
Rosa
Mimosa,
No vale
Do vento
Cruento
Batida,
Caída
Sem vida
No chão!

Quem dera
Que sintas
As dores
De amores
Que louco
Senti!
Quem dera
Que sintas!...
– Não negues,
Não mintas...
Eu vi!...

MINH'ALMA É TRISTE

Mon coeur est plein – je veux pleurer![6]

Lamartine

I

Minh' alma é triste como a rola aflita
Que o bosque acorda desde o albor da aurora
E em doce arrulo que o soluço imita
O morto esposo gemedora chora.

E, como a rola que perdeu o esposo,
Minh' alma chora as ilusões perdidas
E no seu livro de fanado gozo
Relê as folhas que já foram lidas.

E como notas de chorosa endeixa
Seu pobre canto com a dor desmaia,
E seus gemidos são iguais à queixa
Que a vaga solta quando beija a praia.

Como a criança que banhada em prantos
Procura o brinco que levou-lhe o rio,
Minh' alma quer ressuscitar nos cantos
Um só dos lírios que murchou o estio.

Dizem que há gozos nas mundanas galas,
Mas eu não sei em que o prazer consiste.
– Ou só no campo, ou no rumor das salas,
Não sei porquê – mas a minh'alma é triste!

II

Minh' alma é triste como a voz do sino
Carpindo o morto sobre a laje fria;
E doce e grave qual no templo um hino,
Ou como a prece ao desmaiar do dia.

6 "Meu coração está carregado — quero chorar!"

Se passa um bote com as velas soltas,
Minh' alma o segue n' amplidão dos mares;
E longas horas acompanha as voltas
Das andorinhas recortando os ares.

Às vezes, louca, num cismar perdida,
Minh' alma triste vai vagando à toa,
Bem como a folha que do sul batida
Boia nas águas de gentil lagoa!

E como a rola que em sentida queixa
O bosque acorda desde o albor da aurora,
Minh' alma em notas de chorosa endeixa
Lamenta os sonhos que já tive outrora.

Dizem que há gozos no correr dos anos!...
Só eu não sei em que o prazer consiste.
– Pobre ludíbrio de cruéis enganos,
Perdi os risos – a minh' alma é triste!

III

Minh' alma é triste como a flor que morre
Pendida à beira do riacho ingrato;
Nem beijos dá-lhe a viração que corre,
Nem doce canto o sabiá do mato!

E como a flor que solitária pende
Sem ter carícias no voar da brisa,
Minh' alma murcha, mas ninguém entende
Que a pobrezinha só de amor precisa!

Amei outrora com amor bem santo
Os negros olhos de gentil donzela,
Mas dessa fronte de sublime encanto
Outro tirou a virginal capela.

Oh! quantas vezes a prendi nos braços!
Que o diga e fale o laranjal florido!
Se mão de ferro espedaçou dois laços
Ambos choramos mas num só gemido!

Dizem que há gozos no viver d' amores,
Só eu não sei em que o prazer consiste!
– Eu vejo o mundo na estação das flores...
Tudo sorri – mas a minh' alma é triste!

IV

Minh' alma é triste como o grito agudo
Das arapongas no sertão deserto;
E como o nauta sobre o mar sanhudo,
Longe da praia que julgou tão perto!

A mocidade no sonhar florida
Em mim foi beijo de lasciva virgem:
– Pulava o sangue e me fervia a vida,
Ardendo a fronte em bacanal vertigem.

De tanto fogo tinha a mente cheia!...
No afã da glória me atirei com ânsia...
E, perto ou longe, quis beijar a s' reia
Que em doce canto me atraiu na infância.

Ai! loucos sonhos de mancebo ardente!
Esp' ranças altas... Ei-las já tão rasas!...
– Pombo selvagem, quis voar contente...
Feriu-me a bala no bater das asas!

Dizem que há gozos no correr da vida...
Só eu não sei em que o prazer consiste!
– No amor, na glória, na mundana lida,
Foram-se as flores – a minh' alma é triste!

FAGUNDES VARELA
(1841 – 1875)

Luís Nicolau Fagundes Varela nasceu na Fazenda Santa Rita, em Rio Claro (RJ). Em 1859 transferiu-se para São Paulo, mas só conseguiu ingressar na Faculdade de Direito em 1862. Influenciado pelos últimos suspiros do "byronismo" estudantil paulistano, dedica-se à boêmia e à bebida, atraído constantemente pela marginalidade. A morte de seu primeiro filho inspira-lhe seu mais conhecido poema, Cântico do Calvário. Tenta concluir o curso de Direito em Recife, mas a morte da esposa o faz retornar a São Paulo. Abandona, então, a Faculdade e retorna à fazenda onde nascera, continuando a escrever poesia. Casando-se outra vez, muda-se para Niterói, onde se entrega à bebida e vem a falecer, já em estado de completo desequilíbrio mental.

Assim como Álvares de Azevedo, Fagundes Varela foi outro ultrarromântico a enveredar pela poesia irônica, como se pode observar pelos poemas *Flor do Maracujá*, *Canção Lógica* e *Armas*, presentes nesta antologia.

A FLOR DO MARACUJÁ

Pelas rosas, pelos lírios,
Pelas abelhas, sinhá,
Pelas notas mais chorosas
Do canto do sabiá,
Pelo cálice de angústias
Da flor do maracujá!

Pelo jasmim, pelo goivo,
Pelo agreste manacá,
Pelas gotas de sereno
Nas folhas do gravatá,
Pela coroa de espinhos
Da flor do maracujá!

Pelas tranças da mãe-d'água
Que junto da fonte está,
Pelos colibris que brincam
Nas alvas plumas do ubá,
Pelos cravos desenhados
Na flor do maracujá!

Pelas azuis borboletas
Que descem do Panamá,
Pelos tesouros ocultos
Nas minas do Sincorá,
Pelas chagas roxeadas
Da flor do maracujá!

Pelo mar, pelo deserto,
Pelas montanhas, sinhá!
Pelas florestas imensas
Que falam de Jeová!
Pela lança ensanguentada
Da flor do maracujá!

Por tudo o que o céu revela!
Por tudo o que a terra dá,
Eu te juro que minh'alma
De tua alma escrava está!!... .
Guarda contigo este emblema
Da flor do maracujá!

Não se enojem teus ouvidos
De tantas rimas em − a −
Mas ouve meus juramentos,
Meus cantos ouve, sinhá!
Te peço pelos mistérios
Da flor do maracujá!

CANÇÃO LÓGICA

Eu amo, tu amas, ele ama...

Teus olhos são duas sílabas
Que me custam soletrar,
Teus lábios são dous vocábulos
    Que não posso,
Que não posso interpretar.

Teus seios são alvos símbolos
Que vejo sem traduzir;
São os teus braços capítulos
    Que podem,
Que podem me confundir.

Teus cabelos são gramáticas
Das línguas todas de amor,
Teu coração – tabernáculo
    Muito próprio,
Próprio de ilustre cantor.

O teu caprichoso espírito,
Inimigo do dever,
É um terrível enigma
    Ai! que nunca,
Que nunca posso entender.

Teus pezinhos microscópicos,
Que nem rastejam no chão,
São leves traços estéticos
    Que transtornam,
Que transtornam a razão!

Os preceitos de Aristóteles
Neste momento quebrei!
Tendo tratado dos píncaros,
    Oh! nas bases,
Nas bases me demorei.

ARMAS

– Qual a mais forte das armas,
A mais firme, a mais certeira?
A lança, a espada, a clavina,
Ou a funda aventureira?
A pistola? O bacamarte?
A espingarda, ou a flecha? .
O canhão que em praça forte
Faz em dez minutos brecha?
– Qual a mais firme das armas? –
O terçado, a fisga, o chuço,
O dardo, a maça, o virote?
A faca, o florete, o laço,
O punhal, ou o chifarote?...
A mais tremenda das armas,
Pior que a durindana,
Atendei, meus bons amigos:
Se apelida: – a língua humana! –

CÂNTICO DO CALVÁRIO (fragmentos)

*À memória de meu filho
morto a 11 de dezembro de 1863.*

Eras na vida a pomba predileta
Que sobre um mar de angústias conduzia
O ramo da esperança. – Eras a estrela
Que entre as névoas do inverno cintilava
Apontando o caminho ao pegureiro.
Eras a messe de um dourado estio.
Eras o idílio de um amor sublime.
Eras a glória, – a inspiração, – a pátria,
O porvir de teu pai! – Ah! no entanto,
Pomba, – varou-te a flecha do destino!
Astro, – engoliu-te o temporal do norte!
Teto, caíste! – Crença, já não vives!

(...)

Como eras lindo! Nas rosadas faces
Tinhas ainda o tépido vestígio
Dos beijos divinais, – nos olhos langues
Brilhava o brando raio que acendera
A bênção do Senhor quando o deixaste!
Sobre o teu corpo a chusma dos anjinhos,
Filhos do éter e da luz, voavam,
Riam-se alegres, das caçoilas níveas
Celeste aroma te vertendo ao corpo!
E eu dizia comigo: – teu destino
Será mais belo que o cantar das fadas
Que dançam no arrebol, – mais triunfante
Que o sol nascente derribando ao nada
Muralhas de negrume!... Irás tão alto
Como o pássaro-rei do Novo Mundo!

Ai! doudo sonho!... Uma estação passou-se,
E tantas glórias, tão risonhos planos
Desfizeram-se em pó! O gênio escuro
Abrasou com seu facho ensanguentado
Meus soberbos castelos. A desgraça
Sentou-se em meu solar, e a soberana
Dos sinistros impérios de além-mundo
Com seu dedo real selou-te a fronte!
Inda te vejo pelas noites minhas,
Em meus dias sem luz vejo-te ainda,
Creio-te vivo, e morto te pranteio!...

(...)

CASTRO ALVES
(1847 – 1871)

Antonio Frederico de Castro Alves nasceu em 14 de março de 1847, na fazenda Cabaceiras, em Curralinho, hoje Castro Alves, na Bahia. Em 1862, muda-se para o Recife, com o intuito de ingressar na Faculdade de Direito. Dedicando-se à poesia e ardoroso frequentador dos teatros, é reprovado nos primeiros exames de ingresso à Faculdade. Em 1863, apresenta os primeiros sinais de tuberculose. No ano seguinte, ingressa na Faculdade de Direito. Cria, com Rui Barbosa, companheiro de Faculdade, uma sociedade abolicionista. A partir de 1866 vai morar em Barro, nos arredores de Recife, com Eugênia Câmara, atriz portuguesa. Em 1867, mudam-se para Salvador, onde encenam, com grande êxito, a peça *Gonzaga e a Revolução*, de sua autoria. Em 1868, ainda acompanhado por Eugênia, muda-se para São Paulo, onde pretende concluir o curso de Direito. De passagem pelo Rio de Janeiro, é elogiado com veemência tanto por José de Alencar quanto por Machado de Assis. Em São Paulo, é abandonado por Eugênia Câmara e, em caçada no Brás, dispara contra seu próprio pé. Levado ao Rio de Janeiro, tem o pé amputado. Com a saúde debilitada, a tuberculose latente vem à tona. Retorna no final de 1869 à Bahia para se tratar e para cuidar da publicação de *Espumas Flutuantes*, o que se dá no final de 1870. Em julho de 1871, o Poeta dos Escravos morre em Salvador.

Além de vários poemas do livro *Espumas Flutuantes*, esta antologia apresenta, na íntegra, o célebre poema *O Navio Negreiro*, publicado no volume *Os Escravos* (1883).

Publicado 12 anos após a morte do poeta, *Os Escravos* reúne os mais conhecidos poemas abolicionistas de Castro Alves, como *Vozes d'África* e *O Navio Negreiro*, em que toma como símbolo do horror da escravidão a dramática travessia do Oceano Atlântico que faziam os escravos. A luta abolicionista encontrou na poesia declamatória e hiperbólica de Castro Alves o seu maior veículo de propaganda.

MOCIDADE E MORTE

E perto avisto o porto
Imenso, nebuloso,e sempre noite
Chamado – Eternidade. –

Laurindo.

Lasciate ogni speranza, voi ch'entrate![7]

Dante.

Oh! Eu quero viver, beber perfumes
Na flor silvestre, que embalsama os ares;
Ver minh'alma adejar pelo infinito,
Qual branca vela n'amplidão dos mares.
No seio da mulher há tanto aroma...
Nos seus beijos de fogo há tanta vida...
– Árabe errante, vou dormir à tarde
À sombra fresca da palmeira erguida.

Mas uma voz responde-me sombria:
Terás o sono sob a lájea fria.

Morrer... quando este mundo é um paraíso,
E a alma um cisne de douradas plumas:
Não! o seio da amante é um lago virgem...
Quero boiar à tona das espumas.
Vem! formosa mulher – camélia pálida,
Que banharam de pranto as alvoradas.
Minh'alma é a borboleta, que espaneja
O pó das asas lúcidas, douradas...

7 "Deixai toda esperança, vós que entrastes!"

E a mesma voz repete-me terrível,
Com gargalhar sarcástico: – impossível!

Eu sinto em mim o borbulhar do gênio.
Vejo além um futuro radiante:
Avante! – brada-me o talento n'alma
E o eco ao longe me repete – avante! –
O futuro... o futuro... no seu seio...
Entre louros e bênçãos dorme a glória!
Após – um nome do universo n'alma,
Um nome escrito no Panteon da história.

E a mesma voz repete funerária:
Teu Panteon – a pedra mortuária!

Morrer – é ver extinto dentre as névoas
O fanal, que nos guia na tormenta:
Condenado – escutar dobres de sino,
– Voz da morte, que a morte lhe lamenta –
Ai! morrer – é trocar astros por círios,
Leito macio por esquife imundo,
Trocar os beijos da mulher – no visco
Da larva errante no sepulcro fundo.

Ver tudo findo... só na lousa um nome,
Que o viandante a perpassar consome.

E eu sei que vou morrer... dentro em meu
peito
Um mal terrível me devora a vida:
Triste Ahasverus, que no fim da estrada,
Só tem por braços uma cruz erguida.
Sou o cipreste, qu'inda mesmo flórido,

228

Sombra de morte no ramal encerra!
Vivo – que vaga sobre o chão da morte,
Morto – entre os vivos a vagar na terra.

Do sepulcro escutando triste grito
Sempre, sempre bradando-me: maldito! –

E eu morro, ó Deus! na aurora da existência,
Quando a sede e o desejo em nós palpita...
Levei aos lábios o dourado pomo,
Mordi no fruto podre do Asfaltita.
No triclínio da vida – novo Tântalo –
O vinho do viver ante mim passa...
Sou dos convivas da legenda Hebraica,
O 'stilete de Deus quebra-me a taça.

É que até minha sombra é inexorável,
Morrer! morrer! soluça-me implacável.

Adeus, pálida amante dos meus sonhos!
Adeus, vida! Adeus, glória! amor! anelos!
Escuta, minha irmã, cuidosa enxuga
Os prantos de meu pai nos teus cabelos.
Fora louco esperar! fria rajada
Sinto que do viver me extingue a lampa...
Resta-me agora por futuro – a terra,
Por glória – nada, por amor – a campa.

Adeus! arrasta-me uma voz sombria,
Já me foge a razão na noite fria!...

O GONDOLEIRO DO AMOR
BARCAROLA

DAMA NEGRA

Teus olhos são negros, negros,
Como as noites sem luar...
São ardentes, são profundos,
Como o negrume do mar;

Sobre o barco dos amores,
Da vida boiando à flor,
Douram teus olhos a fronte
Do Gondoleiro do amor.

Tua voz é a cavatina
Dos palácios de Sorrento,
Quando a praia beija a vaga,
Quando a vaga beija o vento;

E como em noites de Itália,
Ama um canto o pescador,
Bebe a harmonia em teus cantos
O Gondoleiro do amor.

Teu sorriso é uma aurora,
Que o horizonte enrubesceu,
– Rosa aberta com biquinho
Das aves rubras do céu.

Nas tempestades da vida
Das rajadas no furor,
Foi-se a noite, tem auroras
O Gondoleiro do amor.

Teu seio é vaga dourada
Ao tíbio clarão da lua,
Que, ao murmúrio das volúpias,
Arqueja, palpita nua;

Como é doce, em pensamento,
Do teu colo no langor
Vogar, naufragar, perder-se
O Gondoleiro do amor!?

Teu amor na treva é – um astro,
No silêncio uma canção,
É brisa – nas calmarias,
É abrigo – no tufão;

Por isso eu te amo, querida,
Quer no prazer, quer na dor,...
Rosa! Canto! Sombra! Estrela!
Do Gondoleiro do amor.

Recife, janeiro de 1867.

O "ADEUS" DE TERESA

A vez primeira que eu fitei Teresa,
Como as plantas que arrasta a correnteza,
A valsa nos levou nos giros seus...
E amamos juntos... E depois na sala
"Adeus" eu disse-lhe a tremer co'a fala...

E ela corando, murmurou-me: "adeus".

Uma noite... entreabriu-se um reposteiro...
E da alcova saía um cavaleiro
Inda beijando uma mulher sem véus...
Era eu... Era a pálida Teresa!
"Adeus" lhe disse conservando-a presa...

E ela entre beijos murmurou-me: "adeus".

Passaram tempos... sec'los de delírio,
Prazeres divinais... gozos do Empíreo...
...Mas um dia volvi aos lares meus.
Partindo eu disse – "Voltarei!... descansa!..."
Ela chorando mais que uma criança,

Ela em soluços murmurou-me: "adeus".

Quando voltei... era o palácio em festa!...
E a voz d'Ela e de um homem lá na orquestra
Preenchiam de amor o azul dos céus.
Entrei!... Ela me olhou branca... surpresa!
Foi a última vez que eu vi Teresa!...

E ela arquejando murmurou-me: "adeus!"

São Paulo, 28 de agosto de 1868.

ADORMECIDA

Ses longs cheveux épars la couvrent tout entière.
La croix de son collier repose dans sa main,
Comme pour témoigner qu'elle a fait sa prière.
Et qu'elle va la faire en s'éveillant demain.[8]

A. de Musset.

Uma noite eu me lembro... Ela dormia
Numa rede encostada molemente...
Quase aberto o roupão... solto o cabelo
E o pé descalço do tapete rente.

'Stava aberta a janela. Um cheiro agreste
Exalavam as silvas da campina...
E ao longe, num pedaço do horizonte,
Via-se a noite plácida e divina.

De um jasmineiro os galhos encurvados,
Indiscretos entravam pela sala,
E de leve oscilando ao tom das auras,
Iam na face trêmulos – beijá-la.

Era um quadro celeste!... A cada afago
Mesmo em sonhos a moça estremecia...
Quando ela serenava... a flor beijava-a...
Quando ela ia beijar-lhe... a flor fugia...

8 Seus longos cabelos espalhados a cobrirem por inteiro. / A cruz de seu colar repousa em sua mão. / Como para testemunhar que ela fez sua oração. / E que fará ao despertar amanhã.

Dir-se-ia que naquele doce instante
Brincavam duas cândidas crianças...
A brisa, que agitava as folhas verdes,
Fazia-lhe ondear as negras tranças!

E o ramo ora chegava ora afastava-se...
Mas quando a via despeitada a meio,
P'ra não zangá-la... sacudia alegre
Uma chuva de pétalas no seio...

Eu, fitando esta cena, repetia
Naquela noite lânguida e sentida:
"Ó flor! – tu és a virgem das campinas!
"Virgem! – tu és a flor de minha vida!..."

NO ÁLBUM DO ARTISTA LUÍS C. AMOEDO

Nos tempos idos... O alabastro, o mármore
Reveste as formas desnuadas, mádidas
De Vênus ou Friné.
Nem um véu p'ra ocultar o seio trêmulo,
Nem um tirso a velar a coxa pálida...
O olhar não sonha... vê!

Um dia o artista, num momento lúcido,
Entre *gazas de pedra* a loura Aspásia
Amoroso envolveu.
Depois, surpreso!... viu-a inda mais lânguida...
Sonhou mais doido aquelas formas lúbricas...
Mais *nuas* sob um *véu.*

É o mistério do espírito... A modéstia
É dos talentos reis a santa púrpura...
Artista, és belo assim...
Este *santo pudor* é só dos gênios! –
Também o espaço esconde-se entre névoas...
E no entanto é... sem fim!

AHASVERUS E O GÊNIO

Sabes quem foi Ahasverus?... – o precito,
O mísero Judeu, que tinha escrito
     Na fronte o selo atroz!
Eterno viajor de eterna senda...
Espantado a fugir de tenda em tenda
Fugindo embalde à *vingadora voz*!

Misérrimo! Correu o mundo inteiro,
E no mundo tão grande... o forasteiro
     Não teve onde... pousar.
Co'a mão vazia – viu a terra cheia.
O deserto negou-lhe – o grão de areia,
A gota d'água – rejeitou-lhe o mar.

D'Ásia as florestas – lhe negaram sombra,
A savana sem fim – negou-lhe alfombra.
     O chão negou-lhe o pó!...
Tabas, serralhos, tendas e solares...
Ninguém lhe abriu a porta de seus lares
     E o triste seguiu só.

Viu povos de mil climas, viu mil raças,
E não pôde entre tantas populaças
     Beijar uma só mão...
Desde a virgem do norte à de Sevilhas
Desde a inglesa à crioula das Antilhas
     Não teve um coração!...

E caminhou!... E as tribos se afastavam
E as mulheres tremendo murmuravam
     Com respeito e pavor.
Ai! Fazia tremer do vale à serra...
Ele que só pedia sobre a terra
     – Silêncio, paz e amor! –

No entanto, à noite, se o Hebreu passava,
Um murmúrio de inveja se elevava,
Desde a flor da campina ao colibri.
"Ele não morre", a multidão dizia...
E o precito consigo respondia:
     – "Ai! mas nunca vivi!" –

O Gênio é como Ahasverus... solitário
A marchar, a marchar no itinerário
Sem termo do existir.
Invejado! a invejar os invejosos.
Vendo a sombra dos álamos frondosos...
E sempre a caminhar... sempre a seguir...

Pede u'a mão de amigo – dão-lhe palmas:
Pede um beijo de amor – e as outras almas
Fogem pasmas de si.
E o mísero de glória em glória corre...
Mas quando a terra diz: – "Ele não morre"...
Responde o desgraçado: – "Eu não vivi!"

O LIVRO E A AMÉRICA

Ao Grêmio Literário

Talhado para as grandezas.
P'ra crescer, criar, subir,
O Novo Mundo nos músculos
Sente a seiva do porvir.
– Estatuário de colossos –
Cansado d'outros esboços
Disse um dia Jeová:
"Vai, Colombo, abre a cortina
"Da minha eterna oficina...
"Tira a América de lá."

Molhado inda do dilúvio,
Qual Tritão descomunal,
O continente desperta
No concerto universal.
Dos oceanos em tropa
Um – traz-lhe as artes da Europa,
Outro – as bagas de Ceilão...
E os Andes petrificados,
Como braços levantados,
Lhe apontam para a amplidão.

Olhando em torno então brada:
"Tudo marcha!... Ó grande Deus!
As cataratas – p'ra terra,
As estrelas – para os céus
Lá, do polo sobre as plagas,
O seu rebanho de vagas
Vai o mar apascentar...
Eu quero marchar com os ventos,
Com os mundos... co'os firmamentos!!!"
E Deus responde – "Marchar!"

"Marchar!... Mas como?... Da Grécia
Nos dóricos Partenons
A mil deuses levantando
Mil marmóreos Panteons?...
Marchar co'a espada de Roma
– Leoa de ruiva coma
De presa enorme no chão,
Saciando o ódio profundo...
– Com as garras nas mãos do mundo,
– Com os dentes no coração?...

"Marchar!... Mas como a Alemanha
Na tirania feudal,
Levantando uma montanha
Em cada uma catedral?...
Não!... Nem templos feitos de ossos,
Nem gládios a cavar fossos,
São degraus do progredir...
Lá brada César morrendo:
"No pugilato tremendo
"Quem sempre vence é o porvir!"

Filhos do sec'lo das luzes!
Filhos da *Grande Nação*!
Quando ante Deus vos mostrardes,
Tereis um livro na mão:
O livro – esse audaz guerreiro
Que conquista o mundo inteiro
Sem nunca ter Waterloo...
Eólo de pensamentos,
Que abrira a gruta dos ventos
Donde a Igualdade voou!...

Por uma fatalidade
Dessas que descem de além,
O sec'lo que viu Colombo,
Viu Gutenberg também.

Quando no tosco estaleiro
Da Alemanha o velho obreiro
A ave da imprensa gerou...
O Genovês salta os mares...
Busca um ninho entre os palmares
E a *pátria da imprensa* achou...

Por isso na impaciência
Desta sede de saber,
Como as aves do deserto –
As almas buscam beber...
Oh! Bendito o que semeia
Livros... livros à mão cheia...
E manda o povo pensar!
O livro caindo n'alma
É germe – que faz a palma,
É chuva – que faz o mar.

Vós, que o templo das ideias
Largo – abris às multidões
P'ra o batismo luminoso
Das grandes revoluções,
Agora que o trem de ferro
Acorda o tigre no cerro
E espanta os caboclos nus,
Fazei desse "rei dos ventos"
– Ginete dos pensamentos,
– Arauto da grande luz!...

Bravo! a quem salva o futuro
Fecundando a multidão!...
Num poema amortalhada
Nunca morre uma nação.
Como Goethe moribundo
Brada "Luz!" o Novo Mundo
Num brado de Briaréu...
Luz! pois, no vale e na serra...
Que, se a luz rola na terra,
Deus colhe gênios no céu!...

O NAVIO NEGREIRO

Tragédia no mar

1.ª

'Stamos em pleno mar... Doudo no espaço
Brinca o luar – dourada borboleta;
E as vagas após ele correm... cansam
Como turba de infantes inquieta.

'Stamos em pleno mar... Do firmamento
Os astros saltam como espumas de ouro...
O mar em troca acende as ardentias
– Constelações do líquido tesouro...

'Stamos em pleno mar... Dous infinitos
Ali se estreitam num abraço insano
Azuis, dourados, plácidos, sublimes...
Qual dos dous é o céu? qual o oceano?...

'Stamos em pleno mar... Abrindo as velas
Ao quente arfar das virações marinhas,
Veleiro brigue corre à flor dos mares,
Como roçam na vaga as andorinhas...

Donde vem? onde vai? Das naus errantes
Quem sabe o rumo se é tão grande o espaço?
Neste Saara os corcéis o pó levantam,
Galopam, voam, mas não deixam traço.

Bem feliz quem ali pode nest' hora
Sentir deste painel a majestade!...
Embaixo – o mar... em cima – o firmamento...
E no mar e no céu – a imensidade!

Oh! que doce harmonia traz-me a brisa!
Que música suave ao longe soa!
Meu Deus! como é sublime um canto ardente
Pelas vagas sem fim boiando à toa!

Homens do mar! Ó rudes marinheiros,
Tostados pelo sol dos quatro mundos!
Crianças que a procela acalentara
No berço destes pélagos profundos!

Esperai!... e esperai!... deixai que eu beba
Esta selvagem, livre poesia...
Orquestra – é o mar, que ruge pela proa,
E o vento que nas cordas assobia...
....

Por que foges assim, barco ligeiro?
Por que foges do pávido poeta?
Oh! quem me dera acompanhar-te a esteira
Que semelha no mar – doudo cometa!

Albatroz! Albatroz! águia do oceano,
Tu que dormes das nuvens entre as gazas,
Sacode as penas, Leviatã do espaço,
Albatroz! Albatroz! dá-me estas asas.

2.ª

Que importa do nauta o berço
Donde é filho, qual seu lar?
Ama a cadência do verso
Que lhe ensina o velho mar!
Cantai! que a morte é divina!
Resvala o brigue à bolina
Como golfinho veloz.
Presa ao mastro da mezena
Saudosa bandeira acena
As vagas que deixa após.

Do Espanhol as cantilenas
Requebradas de langor
Lembram as moças morenas
As andaluzas em flor!
Da Itália o filho indolente
Canta Veneza dormente,
– Terra de amor e traição,
Ou do golfo no regaço
Relembra os versos de Tasso
Junto às lavas do vulcão!

O Inglês – marinheiro frio,
Que ao nascer no mar se achou,
(Porque a Inglaterra é um navio,
Que Deus na Mancha ancorou),
Rijo entoa pátrias glórias,
Lembrando, orgulhoso histórias
De Nelson e de Aboukir...
O Francês – predestinado –
Canta os louros do passado
E os loureiros do porvir!

Os marinheiros Helenos,
Que a vaga iônia criou,
Belos piratas morenos
Do mar que Ulisses cortou,
Homens que Fídias talhara,
Vão cantando em noite clara
Versos que Homero gemeu...
Nautas de todas as plagas,
Vós sabeis achar nas vagas
As melodias do céu!...

3.ª

Desce do espaço imenso, ó águia do oceano!
Desce mais, inda mais... não pode olhar huma-
no
Como o teu mergulhar no brigue voador!
Mas que vejo eu ali... Que quadro de amarguras!
É canto funeral!... Que tétricas figuras!
Que cena infame e vil!... Meu Deus! meu Deus!
[que horror!

4.ª

Era um sonho dantesco... O tombadilho,
Que das luzernas avermelha o brilho,
    Em sangue a se banhar.
Tinir de ferros... estalar de açoite...
Legiões de homens negros como a noite,
    Horrendos a dançar...

Negras mulheres suspendendo às tetas
Magras crianças, cujas bocas pretas
    Rega o sangue das mães:
Outras, moças, mas nuas e espantadas,
No turbilhão de espectros arrastadas,
    Em ânsia e mágoa vãs.

E ri-se a orquestra irônica, estridente...
E da ronda fantástica a serpente
    Faz doudas espirais...
Se o velho arqueja, se no chão resvala,
Ouvem-se gritos... o chicote estala.
    E voam mais e mais...

Presa nos elos de uma só cadeia,
A multidão faminta cambaleia,

    E chora e dança ali!
Um de raiva delira, outro enlouquece,
Outro, que de martírios embrutece,

    Cantando, geme e ri!

No entanto o capitão manda a manobra,
E após, fitando o céu que se desdobra

    Tão puro sobre o mar,
Diz do fumo entre os densos nevoeiros:
"Vibrai rijo o chicote, marinheiros!

    Fazei-os mais dançar!..."

E ri-se a orquestra irônica, estridente...
E da ronda fantástica a serpente

    Faz doudas espirais...
Qual num sonho dantesco as sombras voam...
Gritos, ais, maldições, preces ressoam

    E ri-se Satanás!...

5.ª

Senhor Deus dos desgraçados!
Dizei-me vós, Senhor Deus!
Se é loucura... se é verdade
Tanto horror perante os céus?!
Ó mar, por que não apagas
Co'a esponja de tuas vagas
De teu manto este borrão?...
Astros! noite! tempestades!
Rolai das imensidades!
Varrei os mares, tufão!

Quem são estes desgraçados,
Que não encontram em vós,
Mais que o rir calmo da turba
Que excita a fúria do algoz?
Quem são? Se a estrela se cala,
Se a vaga à pressa resvala
Como um cúmplice fugaz,
Perante a noite confusa...
Dize-o tu, severa Musa,
Musa libérrima, audaz!

São os filhos do deserto
Onde a terra esposa a luz.
Onde vive em campo aberto
A tribo dos homens nus...
São os guerreiros ousados
Que com os tigres mosqueados
Combatem na solidão.
Ontem simples, fortes, bravos...
Hoje míseros escravos
Sem luz, sem ar, sem razão...

São mulheres desgraçadas;
Como Agar o foi também.
Que sedentas, alquebradas,
De longe... bem longe vêm...
Trazendo com tíbios passos
Filhos e algemas nos braços,
N'alma – lágrimas e fel...
Como Agar sofrendo tanto
Que nem o leite do pranto
Têm que dar para Ismael.

246

Lá nas areias infindas,
Das palmeiras no país,
Nasceram – crianças lindas,
Viveram – moças gentis...
Passa um dia a *caravana*,
Quando a virgem na cabana
Cisma da noite nos véus...
...Adeus! ó choça do monte!...
...Adeus! palmeiras da fonte!...
...Adeus! amores... adeus!...

Depois, o areal extenso...
Depois, o oceano de pó.
Depois, no horizonte imenso
Desertos... desertos só...
E a fome, o cansaço, a sede...
Ai! quanto infeliz que cede
E cai p'ra não mais s'erguer!...
Vaga um lugar na *cadeia*,
Mas o chacal sobre a areia
Acha um corpo que roer.

Ontem a Serra Leoa,
A guerra, a caça ao leão,
O sono dormido à toa
Sob as tendas da amplidão!
Hoje... o *porão* negro, fundo,
Infecto, apertado, imundo,
Tendo a peste por jaguar...
E o sono sempre cortado
Pelo arranco de um finado,
E o baque de um corpo ao mar...

Ontem plena liberdade,
A vontade por poder...
Hoje... cúm'lo de maldade,
Nem são livres p'ra morrer...
Prende-os a mesma corrente
— Férrea, lúgubre serpente —
Nas roscas da escravidão.
E assim roubados à morte
Dança a lúgubre coorte,
Ao som do açoute... Irrisão!...

Senhor Deus dos desgraçados!
Dizei-me vós, Senhor Deus!
Se eu deliro... ou se é verdade
Tanto horror perante os céus?!...
Ó mar, por que não apagas,
Co'a esponja de tuas vagas
Do teu manto este borrão?
Astros! noite! tempestades!
Rolai das imensidades!
Varrei os mares, tufão!...

6.ª

Existe um povo que a bandeira empresta
P'ra cobrir tanta infâmia e cobardia!...
E deixa-a transformar-se nessa festa
Em manto impuro de bacante fria!...
Meu Deus! meu Deus! Mas que bandeira é esta
Que impudente na gávea tripudia?!
Silêncio!... Musa! chora, chora tanto
Que o pavilhão se lave no teu pranto...

Auriverde pendão de minha terra,
Que a brisa do Brasil beija e balança,
Estandarte que a luz do sol encerra,
E as promessas divinas da esperança...
Tu que, da liberdade após a guerra,
Foste hasteado dos heróis na lança,
Antes te houvessem roto na batalha,
Que servires a um povo de mortalha!...

Fatalidade atroz que a mente esmaga!
Extingue nesta hora o *brigue imundo*
O trilho que Colombo abriu na vaga
Como um íris no pélago profundo!
Mas é infâmia demais... Da etérea plaga
Levantai-vos, heróis do Novo Mundo!
Andrada! arranca esse pendão dos ares!
Colombo! fecha a porta de teus mares!

PARNASIANISMO

As formas literárias do romantismo da primeira metade do século XIX foram se tornando antiquadas. Assim como no romance, na poesia procuravam-se novas formas de expressão. Entre essas novas formas destaca-se um estilo que surgiu na França sob o nome genérico de Parnasianismo (centrado na revista *Le parnasse contemporain*), cuja criação poética se pautava na doutrina da arte pela arte que procurava combater os excessos sentimentais e o descuido formal dos românticos.

A preocupação formal dos franceses traduziu-se, na poesia brasileira, em:

- preciosismo vocabular: os escritores procuram utilizar a língua portuguesa mais "pura" e erudita, livre de estrangeirismos e do jargão popular;

- virtuosismo técnico: os poetas, preferindo a métrica clássica dos decassílabos e alexandrinos, evitam os expedientes por vezes apelativos dos românticos para manter a regularidade métrica, e fogem das rimas pobres e desgastadas, preferindo as ricas, entre palavras de classe gramatical distinta.

A poesia parnasiana brasileira buscou a criação de uma poesia objetiva, impassível, recorrendo ao descritivismo que a aproxima das artes plásticas. Busca nos modelos clássicos o universalismo, abandonando o nacionalismo exacerbado da poesia romântica. O poeta considera a poesia como fruto do trabalho, do suor, e não mais como fruto da inspiração romântica. O caráter elitista desta poesia requintada é inegável e rendeu, aos parnasianos, ferozes críticas das gerações futuras.

No Brasil, os poetas de maior prestígio na virada do século foram os parnasianos Alberto de Oliveira, Raimundo Correia e Olavo Bilac — trio que se tornou conhecido como *a plêiade parnasiana*.

ALBERTO DE OLIVEIRA
(1857 – 1937)

Nascido em Palmital de Saquarema (RJ), Antônio Mariano Alberto de Oliveira cursou Medicina, mas formou-se em Farmácia, em 1883. O mais parnasiano dos poetas brasileiros estreou em 1878, ainda estudante, com o volume *Canções Românticas*. Mas, como o próprio título da obra de estreia indica, só publicaria seu primeiro livro parnasiano em 1884, *Meridionais*. A poesia de Oliveira tende a ser descritiva, objetiva e impassível. Notáveis são os poemas em que descreve objetos decorativos e aqueles em que revela a natureza brasileira. Foi funcionário público e professor de Língua e Literatura. Um dos fundadores da Academia Brasileira de Letras, foi eleito Príncipe dos Poetas do Brasil em 1924. Faleceu em Niterói (RJ).

VASO GREGO

Esta de áureos relevos, trabalhada
De divas mãos, brilhante copa, um dia,
Já de aos deuses servir como cansada
Vinda do Olimpo, a um novo deus servia.

Era o poeta de Teos que a suspendia
Então, e, ora repleta ora esvasada,
A taça amiga aos dedos seus tinia,
Toda de roxas pétalas colmada.

Depois... Mas o lavor da taça admira,
Toca-a, e do ouvido aproximando-a, às bordas
Finas hás-de lhe ouvir, canora e doce,

Ignota voz, qual se da antiga lira
Fosse a encantada música das cordas,
Qual se essa voz de Anacreonte fosse.

VASO CHINÊS

Estranho mimo aquele vaso! Vi-o,
Casualmente, uma vez, de um perfumado
Contador sobre o mármor luzidio,
Entre um leque e o começo de um bordado.

Fino artista chinês, enamorado,
Nele pusera o coração doentio
Em rubras flores de um sutil lavrado,
Na tinta ardente, de um calor sombrio.

Mas, talvez por contraste à desventura,
Quem o sabe?... de um velho mandarim
Também lá estava a singular figura.

Que arte em pintá-la! A gente acaso vendo-a,
Sentia um não sei quê com aquele chim
De olhos cortados à feição de amêndoa.

O MURO

É um velho paredão, todo gretado,
Roto e negro, a que o tempo uma oferenda
Deixou num cacto em flor ensaguentado
E num pouco de musgo em cada fenda.

Serve há muito de encerro a uma vivenda;
Protegê-la e guardá-la é seu cuidado;
Talvez consigo esta missão compreenda,
Sempre em seu posto, firme e alevantado.

Horas mortas, a lua o véu desata,
E em cheio brilha; a solidão se estrela
Toda de um vago cintilar de prata;

E o velho muro, alta a parede nua,
Olha em redor, espreita a sombra, e vela,
Entre os beijos e lágrimas da lua.

CHEIRO DE ESPÁDUA

"Quando a valsa acabou, veio à janela,
Sentou-se. O leque abriu. Sorria e arfava
Eu, viração da noite, a essa hora entrava
E estaquei, vendo-a decotada e bela.

Eram os ombros, era a espádua, aquela
Carne rosada um mimo! A arder na lava
De improvisa paixão, eu, que a beijava,
Hauri sequiosa toda a essência dela!

Deixei-a, porque a vi mais tarde, oh ciúme!
Sair velada da mantilha. A esteira
Sigo, até que a perdi, de seu perfume.

E agora, que se foi, lembrando-a ainda,
Sinto que, à luz do luar nas folhas, cheira
Este ar da noite àquela espádua linda!"

RAIMUNDO CORREIA
(1860 – 1911)

Raimundo da Mota Azevedo Correia nasceu no Maranhão e realizou os estudos secundários no famoso Colégio Pedro II, no Rio de Janeiro. Formou-se pela Faculdade de Direito de São Paulo em 1882, logo iniciando-se na magistratura. Serve à diplomacia durante curto período, mas breve retorna ao Rio de Janeiro e a uma bem-sucedida carreira judiciária. Morre em Paris, onde fora tratar da saúde. O primeiro livro parnasiano de Correia, *Sinfonias* (1883), já traz alguns dos sonetos mais admirados da literatura brasileira, como *As Pombas* e *A Cavalgada*. Seguidor de Leconte de Lisle, deixa transparecer em sua poesia uma amargura dolorosa e intensa, adicionando ao parnasianismo brasileiro um tom sombrio. Em alguns poemas, musicais e sinestésicos, já se aproxima da poesia simbolista.

AS POMBAS

Vai-se a primeira pomba despertada...
Vai-se outra mais... mais outra... enfim dezenas
De pombas vão-se dos pombais, apenas
Raia, sanguínea e fresca, a madrugada...

E à tarde quando a rígida nortada
Sopra, aos pombais de novo elas, serenas,
Ruflando as asas, sacudindo as penas,
Voltam todas em bando e em revoada...

Também dos corações onde abotoam,
Os sonhos, um por um, céleres voam,
Como voam as pombas dos pombais;

No azul da adolescência as asas soltam,
Fogem... Mas aos pombais as pombas voltam,
E eles aos corações não voltam mais...

A CAVALGADA

A lua banha a solitária estrada...
Silêncio!... mas além, confuso e brando,
O som longínquo vem se aproximando
Do galopar de estranha cavalgada.

São fidalgos que voltam da caçada;
Vêm alegres, vêm rindo, vêm cantando,
E as trompas a soar vão agitando
O remanso da noite embalsamada...

E o bosque estala, move-se, estremece...
Da cavalgada o estrépito que aumenta
Perde-se após no centro da montanha...

E o silêncio outra vez soturno desce,
E límpida, sem mácula, alvacenta
A lua a estrada solitária banha...

SAUDADE

A Henrique de Magalhães

Aqui outrora retumbaram hinos;
Muito coche real nestas calçadas
E nestas praças, hoje abandonadas,
Rodou por entre os ouropéis mais finos...

Arcos de flores, fachos purpurinos,
Trons festivais, bandeiras desfraldadas,
Girândolas, clarins, atropeladas
Legiões de povo, bimbalhar de sinos...

Tudo passou! Mas dessas arcarias
Negras, e desses torreões medonhos,
Alguém se assenta sobre as lájeas frias;

E em torno os olhos úmidos, tristonhos,
Espraia, e chora, como Jeremias,
Sobre a Jerusalém de tantos sonhos!...

MAL SECRETO

Se a cólera que espuma, a dor que mora
N'alma, e destroi cada ilusão que nasce,
Tudo o que punge, tudo o que devora
O coração, no rosto se estampasse;

Se se pudesse o espírito que chora
Ver através da máscara da face,
Quanta gente, talvez, que inveja agora
Nos causa, então piedade nos causasse!

Quanta gente que ri, talvez, consigo
Guarda um atroz, recôndito inimigo,
Como invisível chaga cancerosa!

Quanta gente que ri, talvez existe,
Cuja ventura única consiste
Em parecer aos outros venturosa!

OLAVO BILAC
(1865 – 1918)

Carioca, Olavo Brás Martins dos Guimarães Bilac iniciou, aos 15 anos, o curso de Medicina, mas o abandonou pelo de Direito, que também não concluiria. Dedicando-se com afinco ao jornalismo, escreveu, durante anos, crônicas e artigos diários para diversos jornais. Participou ativamente de campanhas cívicas, escreveu a letra do Hino à Bandeira, e dedicou-se à educação, escrevendo poemas infantis e livros didáticos. Seu primeiro livro, *Poesias*, foi publicado em 1888 e traz, como abertura, o poema *Profissão de Fé*, hino do parnasianismo brasileiro, em que compara o poeta a um ourives, que trabalha minuciosamente as joias em ouro e prata. Após a sua morte, foi publicado o volume *A Tarde* (1919). A poesia de Bilac, como em alguns sonetos da série *Via Láctea*, afasta-se com frequência do ideal parnasiano da objetividade e envereda pelo sentimentalismo mais descarado. Explica-se, portanto, como teria se tornado o mais popular poeta parnasiano do Brásil. Seu funeral, no Rio de Janeiro, foi acompanhado por uma multidão de admiradores.

PROFISSÃO DE FÉ

Le poète est ciseleur,
Le ciseleur est poète.[9]

Victor Hugo

Não quero o Zeus Capitolino,
    Hercúleo e belo,
Talhar no mármore divino
    Com o camartelo.

Que outro – não eu! – a pedra corte
    Para, brutal,
Erguer de Atene o altivo porte
    Descomunal.

Mais que esse vulto extraordinário,
    Que assombra a vista,
Seduz-me um leve relicário
    De fino artista.

Invejo o ourives quando escrevo:
    Imito o amor
Com que ele, em ouro, o alto-relevo
    Faz de uma flor.

Imito-o. E, pois, nem de Carrara
    A pedra firo:
O alvo cristal, a pedra rara,
    O ônix prefiro.

Por isso, corre, por servir-me,
    Sobre o papel
A pena, como em prata firme
    Corre o cinzel.

9 O poeta é escultor / O escultor é poeta.

Corre; desenha, enfeita a imagem,
        A ideia veste:
Cinge-lhe ao corpo a ampla roupagem
        Azul-celeste.

Torce, aprimora, alteia, lima
        A frase; e, enfim,
No verso de ouro engasta a rima,
        Como um rubim.

Quero que a estrofe cristalina,
        Dobrada ao jeito
Do ourives, saia da oficina
        Sem um defeito:

E que o lavor do verso, acaso,
        Por tão sutil,
Possa o lavor lembrar de um vaso
        De Becerril.

E horas sem conta passo, mudo,
        O olhar atento,
A trabalhar, longe de tudo,
        O pensamento.

Porque o escrever – tanta perícia,
        Tanta requer,
Que ofício tal... nem há notícia
        De outro qualquer.

Assim procedo. Minha pena
        Segue esta norma,
Por te servir, Deusa serena,
        Serena Forma!

Deusa! A onda vil, que se avoluma
    De um torvo mar,
Deixa-a crescer; e o lodo e a espuma
    Deixa-a rolar!

Blasfemo, em grita surda e horrendo
    Ímpeto, o bando
Venha dos Bárbaros crescendo,
    Vociferando...

Deixa-o: que venha e uivando passe
    – Bando feroz!
Não se te mude a cor da face
    E o tom da voz!

Olha-os somente, armada e pronta,
    Radiante e bela:
E, ao braço o escudo, a raiva afronta
    Dessa procela!

Este que à frente vem, e o todo
    Possui minaz
De um Vândalo ou de um Visigodo
    Cruel e audaz;

Este, que, de entre os mais, o vulto
    Ferrenho alteia,
E, em jato, expele o amargo insulto
    Que te enlameia:

É em vão que as forças cansa, e à luta
    Se atira; é em vão
Que brande no ar a maça bruta
    À bruta mão.

Não morrerás, Deusa sublime!
Do trono egrégio
Assistirás intacta ao crime
Do sacrilégio.

E, se morreres porventura,
Possa eu morrer
Contigo, e a mesma noite escura
Nos envolver!

Ah! ver por terra, profanada,
A ara partida;
E a Arte imortal aos pés calcada,
Prostituída!...

Ver derribar do eterno sólio
O Belo, e o som
Ouvir da queda do Acropólio,
Do Partenon!...

Sem sacerdote, a Crença morta
Sentir, e o susto
Ver, e o extermínio, entrando a porta
Do templo augusto!...

Ver esta língua, que cultivo,
Sem ouropéis,
Mirrada ao hálito nocivo
Dos infiéis!...

Não! Morra tudo que me é caro,
Fique eu sozinho!
Que não encontre um só amparo
Em meu caminho!

Que a minha dor nem a um amigo
     Inspire dó...
Mas, ah! que eu fique só contigo,
     Contigo só!

Vive! Que eu viverei servindo
     Teu culto, e, obscuro,
Tuas custódias esculpindo
     No ouro mais puro.

Celebrarei o teu ofício
     No altar: porém,
Se inda é pequeno o sacrifício,
     Morra eu também!

Caia eu também, sem esperança,
     Porém tranquilo,
Inda, ao cair, vibrando a lança,
     Em prol do Estilo!

VIA LÁCTEA (fragmentos)

I

Talvez sonhasse, quando a vi. Mas via
Que, aos raios do luar iluminada,
Entre as estrelas trêmulas subia
Uma infinita e cintilante escada.

E eu olhava-a de baixo, olhava-a... Em cada
Degrau, que o ouro mais límpido vestia,
Mudo e sereno, um anjo a harpa doirada,
Ressoante de súplicas, feria...

Tu, mãe sagrada! vós também, formosas
Ilusões! sonhos meus! íeis por ela
Como um bando de sombras vaporosas.

E, ó meu amor! eu te buscava, quando
Vi que no alto surgias, calma e bela,
O olhar celeste para o meu baixando...

XIII

"Ora (direis) ouvir estrelas! Certo
Perdeste o senso!" E eu vos direi, no entanto,
Que, para ouvi-las, muita vez desperto
E abro as janelas, pálido de espanto...

E conversamos toda a noite, enquanto
A via láctea, como um pálio aberto,
Cintila. E, ao vir do sol, saudoso e em pranto,
Inda as procuro pelo céu deserto.

Direis agora: "Tresloucado amigo!
Que conversas com ela? Que sentido
Tem o que dizem, quando estão contigo?"

E eu vos direi: "Amai para entendê-las!
Pois só quem ama pode ter ouvido
Capaz de ouvir e de entender estrelas."

NEL MEZZO DEL CAMIN...

Cheguei. Chegaste. Vinhas fatigada
E triste, e triste e fatigado eu vinha.
Tinhas a alma de sonhos povoada,
E a alma de sonhos povoada eu tinha...

E paramos de súbito na estrada
Da vida: longos anos, presa à minha
A tua mão, a vista deslumbrada
Tive da luz que teu olhar continha.

Hoje, segues de novo... Na partida
Nem o pranto os teus olhos umedece,
Nem te comove a dor da despedida.

E eu, solitário, volto a face, e tremo,
Vendo o teu vulto que desaparece
Na extrema curva do caminho extremo.

ÚLTIMA PÁGINA

Primavera. Um sorriso aberto em tudo. Os ramos
Numa palpitação de flores e de ninhos.
Doirava o sol de outubro a areia dos caminhos
(Lembras-te, Rosa?) e ao sol de outubro nos amamos.

Verão. (Lembras-te Dulce?) À beira-mar, sozinhos,
Tentou-nos o pecado: olhaste-me... e pecamos;
E o outono desfolhava os roseirais vizinhos,
Ó Laura, a vez primeira em que nos abraçamos...

Veio o inverno. Porém, sentada em meus joelhos,
Nua, presos aos meus os teus lábios vermelhos,
(Lembras-te, Branca?) ardia a tua carne em flor...

Carne, que queres mais? Coração, que mais queres?
Passam as estações e passam as mulheres...
E eu tenho amado tanto! e não conheço o Amor!

LÍNGUA PORTUGUESA

Última flor do Lácio, inculta e bela,
És, a um tempo, esplendor e sepultura:
Ouro nativo, que na ganga impura
A bruta mina entre os cascalhos vela...

Amo-te assim, desconhecida e obscura.
Tuba de alto clangor, lira singela,
Que tens o trom e o silvo da procela,
E o arrolo da saudade e da ternura!

Amo o teu viço agreste e o teu aroma
De virgens selvas e de oceano largo!
Amo-te, ó rude e doloroso idioma,

Em que da voz materna ouvi: "meu filho!",
E em que Camões chorou, no exílio amargo,
O gênio sem ventura e o amor sem brilho!

MÚSICA BRASILEIRA

Tens, às vezes, o fogo soberano
Do amor: encerras na cadência, acesa
Em que requebros e encantos de impureza,
Todo o feitiço do pecado humano.

Mas, sobre essa volúpia, erra a tristeza
Dos desertos, das matas e do oceano:
Bárbara poracé, banzo africano,
E soluços de trova portuguesa.

És samba e jongo, chiba e fado, cujos
Acordes são desejos e orfandades
De selvagens, cativos e marujos:

E em nostalgias e paixões consistes.
Lasciva dor, beijo de três saudades,
Flor amorosa de três raças tristes.

A UM POETA

Longe do estéril turbilhão da rua,
Beneditino, escreve! No aconchego
Do claustro, na paciência e no sossego,
Trabalha, e teima, e lima, e sofre, e sua!

Mas que na forma de disfarce o emprego
Do esforço; e a trama viva se construa
De tal modo, que a imagem fique nua,
Rica mas sóbria, como um templo grego.

Não se mostre na fábrica o suplício
Do mestre. E, natural, o efeito agrade,
Sem lembrar os andaimes do edifício:

Porque a Beleza, gêmea da Verdade,
Arte pura, inimiga do artifício,
É a força e a graça na simplicidade.

SIMBOLISMO

A poesia do final do século XIX assumiu, tanto na França quanto no Brasil, duas formas: o Parnasianismo e o Simbolismo. Os parnasianos consideravam o poema fruto de um exaustivo trabalho de elaboração e perfeccionismo rítmico e musical, cujo fim é descrever objetivamente a realidade. Como reação ao parnasianismo, surgiu o simbolismo, que tencionava escapar à rigidez estética parnasiana e desenvolver uma poesia mais livre nos temas e nas formas, centrada na sugestão, na criação de imagens fluidas e na apresentação subjetiva da realidade, expressa através do uso de sinestesias e metáforas sutis.

O grande precursor do Simbolismo foi Charles Baudelaire (1821-1867), que começou a escrever sob a sugestão dos ideais parnasianos. No livro *As flores do mal* (1857) encontra-se o poema *Correspondências*,[10] que sintetiza as propostas da poética simbolista:

A Natureza é um templo onde vivos pilares
Deixam escapar, às vezes, confusas palavras;
O homem ali passa por entre florestas de símbolos
Que o observam com olhares familiares.

---

10 Trad. de Eliane Fittipald Pereira. In: Gomes, Álvaro Cardoso. *A Estética Simbolista*. São Paulo: Cultrix, 1985.

Como longos ecos que ao longe se confundem
Em uma tenebrosa e profunda unidade,
Vasta como a noite e como a claridade,
Os perfumes, as cores e os sons se correspondem.

Há perfumes frescos como carnes de crianças,
Doces como oboés, verdes como as pradarias,
E outros, corrompidos, ricos e triunfantes,

Tendo a expansão das coisas infinitas,
Como o âmbar, o almíscar, o benjoim e o incenso,
Que cantam os transportes do espírito e dos sentidos.

Além de sua própria obra, deve-se a Baudelaire a divulgação dos contos e poemas de Edgar Allan Poe (1809-1849), que traduziu para o francês, resgatando-o do esquecimento em que morrera.

Muito influenciados por Baudelaire foram os poetas Paul Verlaine (1844-1896), Arthur Rimbaud (1854-1891) e Stéphane Mallarmé (1842-1898), cujo poema *A tarde de um fauno* (1876) foi transcriado em música por Claude Debussy e em dança por Diaglev e Nijinski. Sua obra-prima, *Um lance de dados* (1897), com tipografia transgressora, inspirada nas manchetes dos jornais, e com múltiplos significados enigmáticos, antecipa muitos dos procedimentos da poesia de vanguarda.

Com a publicação do livro de versos *Broquéis* e do livro de poemas em prosa *Missal*, ambos em 1893, o catarinense Cruz e Sousa, primeiro grande poeta negro do Brasil, inaugurou o estilo simbolista na poesia brasileira.

O Brasil foi um dos poucos lugares em que o simbolismo não triunfou, permanecendo sempre abafado, marginalizado pelo reinante estilo parnasiano. No entanto, a poesia simbolista produziu no Brasil uma quantidade e uma variedade muito grande de poetas, salvos do esquecimento pela gigantesca obra *Panorama do Movimento Simbolista Brasileiro* (1952), de Andrade Muricy. O escritor e intelectual Medeiros e Albuquerque (1867-1934) é reconhecido como o introdutor no Brasil das obras dos simbolistas franceses. Em 1887 manda buscar na França, através de um "amigo mallarmista", obras de Verlaine e Mallarmé, entre outros. Logo, diversos poetas por todo o Brasil estariam, ainda que sem o prestígio da poesia parnasiana, dedicando-se a seguir a nova poesia antirrealista. Entre estes poetas, destacam-se o religioso e musical Alphonsus de Guimaraens e o baiano Pedro Kilkerry, criador de imagens fortes e desconcertantes.

CRUZ E SOUSA
(1861 – 1898)

João da Cruz e Sousa nasceu em Desterro, atual Florianópolis. Filho de escravos alforriados pelo Marechal Guilherme Xavier de Sousa, seria acolhido pelo Marechal e sua esposa como o filho que não tinham. Foi educado na melhor escola secundária da região, mas, com a morte dos protetores, foi obrigado a largar os estudos e a trabalhar. Sofreu uma série de perseguições raciais, culminando com a proibição de assumir o cargo de promotor público em Laguna, por ser negro.

Em 1890, vai para o Rio de Janeiro, onde entra em contato com a poesia simbolista francesa e seus admiradores cariocas. Colabora em alguns jornais e, mesmo já bastante conhecido após a publicação de *Missal* e *Broquéis* (1893), só consegue arrumar um emprego miserável na Estrada de Ferro Central. Casa-se com Gavita, também negra, com quem tem quatro filhos, dois dos quais vêm a falecer. Sua mulher enlouquece e passa vários períodos em hospitais psiquiátricos. O poeta contrai tuberculose e vai para a cidade mineira de Sítio se tratar. Morre aos 36 anos de idade, vítima da tuberculose, da pobreza e, principalmente, do racismo e da incompreensão.

Cruz e Sousa, com clara influência dos simbolistas franceses, em especial de Baudelaire, revitaliza a poesia de língua portuguesa através da utilização de frases nominais (sem verbo), musicalidade intensa, sinestesias e a formação de imagens vagas e caleidoscópicas que transformam a leitura, como o queria Mallarmé, num verdadeiro exercício de reescritura do texto.

ANTÍFONA

Ó Formas alvas, brancas, Formas claras
de luares, de neves, de neblinas!...
Ó Formas vagas, fluidas, cristalinas...
Incensos dos turíbulos das aras...

Formas do Amor, constelarmente puras,
de Virgens e de Santas vaporosas...
Brilhos errantes, mádidas frescuras
e dolências de lírios e de rosas...

Indefiníveis músicas supremas,
harmonias da Cor e do Perfume...
Horas do Ocaso, trêmulas, extremas,
Réquiem do Sol que a Dor da Luz resume...

Visões, salmos e cânticos serenos,
surdinas de órgãos flébeis, soluçantes...
Dormências de volúpicos venenos
sutis e suaves, mórbidos, radiantes...

Infinitos espíritos dispersos,
inefáveis, edênicos, aéreos,
fecundai o Mistério destes versos
com a chama ideal de todos os mistérios.

Do Sonho as mais azuis diafaneidades
que fuljam, que na Estrofe se levantem
e as emoções, todas as castidades
da alma do Verso, pelos versos cantem.

Que o pólen de ouro dos mais finos astros
fecunde e inflame a rima clara e ardente...
Que brilhe a correção dos alabastros
sonoramente, luminosamente.

Forças originais, essência, graça
de carnes de mulher, delicadezas...
Todo esse eflúvio que por ondas passa
do Éter nas róseas e áureas correntezas...

Cristais diluídos de clarões alacres,
desejos, vibrações, ânsias, alentos,
fulvas vitórias, triunfamentos acres,
os mais estranhos estremecimentos...

Flores negras do tédio e flores vagas
de amores vãos, tantálicos, doentios...
Fundas vermelhidões de velhas chagas
em sangue, abertas, escorrendo em rios...

Tudo! vivo e nervoso e quente e forte,
nos turbilhões quiméricos do Sonho,
passe, cantando, ante o perfil medonho
e o tropel cabalístico da Morte...

FLORES DA LUA

Brancuras imortais da Lua Nova,
frios de nostalgia e sonolência...
Sonhos brancos da Lua e viva essência
dos fantasmas noctívagos da Cova.

Da noite a tarda e taciturna trova
soluça, numa trêmula dormência...
Na mais branda, mais leve florescência
tudo em Visões e Imagens se renova.

Mistérios virginais dormem no Espaço,
dormem o sono das profundas seivas,
monótono, infinito, estranho e lasso...

E das Origens na luxúria forte
abrem nos astros, nas sidéreas leivas
flores amargas do palor da Morte.

MÚSICA DA MORTE...

A Música da Morte, a nebulosa,
estranha, imensa música sombria,
passa a tremer pela minh'alma e fria
gela, fica a tremer, maravilhosa...

Onda nervosa e atroz, onda nervosa,
letes sinistro e torvo da agonia,
recresce a lancinante sinfonia,
sobe, numa volúpia dolorosa...

Sobe, recresce, tumultuando e amarga,
tremenda, absurda, imponderada e larga,
de pavores e trevas alucina...

E alucinando e em trevas delirando,
como um ópio letal, vertiginando,
os meus nervos, letárgica, fascina...

VIOLÕES QUE CHORAM

(Jan. 1897)

Ah! Plangentes violões dormentes, mornos,
soluços ao luar, choros ao vento...
Tristes perfis, os mais vagos contornos,
Bocas murmurejantes de lamento.

Noites de além, remotas, que eu recordo,
noites da solidão, noites remotas
que nos azuis da Fantasia bordo
vou constelando de visões ignotas.

Sutis palpitações à luz da lua,
anseio dos momentos mais saudosos,
quando lá choram na deserta rua
as cordas vivas dos violões chorosos.

Quando os sons dos violões vão soluçando,
quando os sons dos violões nas cordas gemem,
e vão dilacerando e deliciando,
rasgando as almas que nas sombras tremem.

Harmonias que pungem, que laceram,
dedos nervosos e ágeis que percorrem
cordas e um mundo de dolências geram,
gemidos, prantos, que no espaço morrem...

E sons noturnos, suspiradas mágoas,
mágoas amargas e melancolias,
no sussurro monótono das águas,
noturnamente, entre ramagens frias.

Vozes veladas, veludosas vozes,
volúpias dos violões, vozes veladas,
vagam nos velhos vórtices velozes
dos ventos, vivas, vãs, vulcanizadas.

Tudo nas cordas dos violões ecoa
e vibra e se contorce no ar, convulso...
Tudo na noite, tudo clama e voa
sob a febril agitação de um pulso.

Que esses violões nevoentos e tristonhos
são ilhas de degredo atroz, funéreo,
para onde vão, fatigadas do sonho,
almas que se abismaram no mistério.

Sons perdidos, nostálgicos, secretos,
finas, diluídas, vaporosas brumas,
longo desolamento dos inquietos
navios a vagar à flor de espumas.

Oh! languidez, languidez infinita,
nebulosas de sons e de queixumes,
vibrado coração de ânsia esquisita
e de gritos felinos de ciúmes!

Que encantos acres nos vadios rotos
quando em toscos violões, por lentas horas,
vibram, com a graça virgem dos garotos,
um concerto de lágrimas sonoras!

Quando uma voz, em trêmolos, incerta
palpitando no espaço, ondula, ondeia,
e o canto sobe para a flor deserta
soturna e singular da lua cheia.

Quando as estrelas mágicas florescem,
e no silêncio astral da Imensidade
por lagos encantados adormecem
as pálidas ninfeias da Saudade!

Como me embala toda essa pungência,
essas lacerações como me embalam,
como abrem asas brancas de clemência
as harmonias dos violões que falam!

Que graça ideal, amargamente triste,
nos lânguidos bordões plangendo passa...
Quanta melancolia de anjo existe
nas visões melodiosas dessa graça.

Que céu, que inferno, que profundo inferno,
que ouros, que azuis, que lágrimas, que risos,
quanto magoado sentimento eterno
nesses ritmos trêmulos e indecisos...

PERANTE A MORTE

Perante a Morte empalidece e treme,
treme perante a Morte, empalidece.
Coroa-te de lágrimas, esquece
o Mal cruel que nos abismos geme.

Ah! longe o inferno que flameja e **freme**,
longe a Paixão que só no horror floresce...
A alma precisa de silêncio e prece,
pois na prece e silêncio nada teme.

Silêncio e prece no fatal segredo,
perante o pasmo do sombrio medo
da Morte e os seus aspectos reverentes...

Silêncio para o desespero insano,
o furor gigantesco e sobre-humano
a dor sinistra de ranger os dentes!

O ASSINALADO

Tu és o Louco da imortal loucura,
o louco da loucura mais suprema.
A terra é sempre a tua negra algema,
prende-te nela a extrema Desventura.

Mas essa mesma algema de amargura,
mas essa mesma Desventura extrema
faz que tu'alma suplicando gema
e rebente em estrelas de ternura.

Tu és o Poeta, o grande Assinalado
que povoas o mundo despovoado,
de belezas eternas, pouco a pouco.

Na Natureza prodigiosa e rica
toda a audácia dos nervos justifica
os teus espasmos imortais de louco!

ALPHONSUS DE GUIMARAENS
(1870 – 1921)

Afonso Henriques da Costa Guimarães nasceu em Ouro Preto, Minas Gerais. Depois de uma ligeira fase boêmia e *dandy* na juventude, inicia o curso de Engenharia, mas logo o abandona e forma-se em Direito. Colabora com jornais diversos, e, após casar-se e ingressar na magistratura, vai residir em Mariana, de onde raramente sai, até falecer, aos 51 anos de idade. Sua poesia busca traduzir a musicalidade e a sutileza de Verlaine para a atmosfera religiosa que respirava. Seus livros mais importantes são *Dona Mística* (1899) e *Kyriale* (1902).

ISMÁLIA

Quando Ismália enlouqueceu,
Pôs-se na torre a sonhar...
Viu uma lua no céu,
Viu outra lua no mar.

No sonho em que se perdeu,
Banhou-se toda em luar...
Queria subir ao céu,
Queria descer ao mar...

E, no desvario seu,
Na torre pôs-se a cantar...
Estava perto do céu,
Estava longe do mar...

E como um anjo pendeu
As asas para voar...
Queria a lua do céu,
Queria a lua do mar...

As asas que Deus lhe deu
Ruflaram de par em par...
Sua alma subiu ao céu,
Seu corpo desceu ao mar...

A CATEDRAL

Entre brumas, ao longe, surge a aurora.
O hialino orvalho aos poucos se evapora,
  Agoniza o arrebol.
A catedral ebúrnea do meu sonho
Aparece, na paz do céu risonho,
  Toda branca de sol.

E o sino canta em lúgubres responsos:
  "Pobre Alphonsus! Pobre Alphonsus!"

O astro glorioso segue a eterna estrada.
Uma áurea seta lhe cintila em cada
  Refulgente raio de luz.
A catedral ebúrnea do meu sonho,
Onde os meus olhos tão cansados ponho,
  Recebe a bênção de Jesus.

E o sino clama em lúgubres responsos:
  "Pobre Alphonsus! Pobre Alphonsus!"

Por entre lírios e lilases desce
A tarde esquiva: amargurada prece
  Põe-se a lua a rezar.
A catedral ebúrnea do meu sonho
Aparece, na paz do céu tristonho,
  Toda branca de luar.

E o sino chora em lúgubres responsos:
  "Pobre Alphonsus! Pobre Alphonsus!"

O céu é todo trevas: o vento uiva.
Do relâmpago a cabeleira ruiva
     Vem açoitar o rosto meu.
E a catedral ebúrnea do meu sonho
Afunda-se no caos do céu medonho
     Como um astro que já morreu.

E o sino geme em lúgubres responsos:
     "Pobre Alphonsus! Pobre Alphonsus!"

NEM LUZ DE ASTRO NEM LUZ
DE FLOR SOMENTE: UM MISTO...

Nem luz de astro nem luz de flor somente: um misto.
De astro e flor. Que olhos tais e que tais lábios, certo,
(E só por serem seus) são muito mais do que isto...
Ela é a tulipa azul do meu sonho deserto.

Onde existe, não sei, mas quero crer que existo
No mesmo nicho astral entre luares aberto,
Em que branca de luz sublime a tenho visto,
Longe daqui talvez, talvez do céu bem perto.

Ela vem, (sororal!) vibrante como um sino,
Despertar-me no leito: ouro em tudo, – na face
De anjo morto, na voz, no olhar sobredivino.

Nasce a manhã, a luz tem cheiro... Ei-la que assoma
Pelo ar sutil... Tem cheiro a luz, a manhã nasce...
Oh sonora audição colorida do aroma!

CANÇÃO

Quando chegaste, os violoncelos
Que andam no ar cantaram hinos.
Estrelaram-se todos os castelos,
E até nas nuvens repicaram sinos.

Foram-se as brancas horas sem rumo,
Tanto sonhadas! Ainda, ainda
Hoje os meus pobres versos perfumo
Com os beijos santos da tua vinda.

Quando te foste, estalaram cordas
Nos violoncelos e nas harpas...
E anjos disseram: – Não mais acordas,
Lírio nascido nas escarpas!

Sinos dobraram no céu e escuto
Dobres eternos na minha ermida.
E os pobres versos ainda enluto
Com os beijos santos da despedida.

PEDRO KILKERRY
(1885 – 1917)

Nascido em Santo Antônio de Jesus, na Bahia, filho de irlandês e baiana, Pedro Militão Kilkerry formou-se em Direito pela Faculdade da Bahia. Pobre e boêmio, morreu tuberculoso, em Salvador, sem ter qualquer livro publicado. Esquecida em meio à multidão de poetas simbolistas recolhidos por Andrade Muricy, no seu gigantesco *Panaroma do Movimento Simbolista Brasileiro*, a obra de Kilkerry foi recuperada e publicada pelo poeta Augusto de Campos no volume *ReVisão de Kilkerry* (1970). Graças ao trabalho de garimpagem poética de Campos, a poesia sintética e repleta de imagens fortes e desconcertantes de Kilkerry vem sendo percebida como uma das grandes forças do Simbolismo brasileiro.

EVOÉ!

Primavera! – versos, vinhos...
Nós, primaveras em flor.
E ai! corações, cavaquinhos
Com quatro cordas de Amor!

Requebrem árvores – ufa! –
Como as mulheres, ligeiro!
Como um pandeiro que rufa
O Sol, no monte, é um pandeiro!

E o campo de ouro transborda...
Ó Primavera, um vintém!
Onde é que se compra a corda
Da desventura, também?

Agora, um rio, água esparsa...
Nas águas claras de um rio,
Lavem-se as penas à garça
Do riso, branco e sadio!

E o dedo estale, na prima...
Que primaveras, e em flor!
Ai! corações, uma rima
Por quatro versos de Amor!

O VERME E A ESTRELA

Agora sabes que sou verme.
Agora, sei da tua luz.
Se não notei minha epiderme...
É, nunca estrela eu te supus
Mas, se cantar pudesse um verme,
Eu cantaria a tua luz!

E eras assim... Por que não deste
Um raio, brando, ao teu viver?
Não te lembrava. Azul-celeste
O céu, talvez, não pôde ser...
Mas, ora! enfim, por que não deste
Somente um raio ao teu viver?

Olho, examino-me a epiderme,
Olho e não vejo a tua luz!
Vamos que sou, talvez, um verme...
Estrela nunca eu te supus!
Olho, examino-me a epiderme...
Ceguei! ceguei da tua luz?

FOLHAS DA ALMA

Tu vens... e, oh! fina estranheza!
Respiro uma ilusão morta:
Sorrindo, minha tristeza –
Moça lunar – te abre a porta.

Se em tua fronte de sonho
O sonho é uma flor de cera
Chegas... Do que era tristonho
Que luz rosada nascera!

Mas em ti, a ilusão morta
Lembrou a sua estranheza;
Vem! São dois braços à porta
Da minha antiga tristeza.

HORAS ÍGNEAS

I

Eu sorvo o haxixe do estio...
E evolve um cheiro, bestial,
Ao solo quente, como o cio
De um chacal.

Distensas, rebrilham sobre
Um verdor, flamâncias de asa...
Circula um vapor de cobre
Os montes – de cinza e brasa.

Sombras de voz hei no ouvido
– De amores ruivos, protervos –
E anda no céu, sacudido,
Um pó vibrante de nervos.

O mar faz medo... que espanca
A redondez sensual
Da praia, como uma anca
De animal.

II

O Sol, de bárbaro, estangue,
Olho, em volúpia de cisma,
Por uma cor só do prisma,
Veleiras, as naus – de sangue...

III

Tão longe levadas, pelas
Mãos de fluido ou braços de ar!
Cinge uma flora solar
– Grandes Rainhas – as velas.

Onda por onda ébria, erguida,
As ondas – povo do mar –
Tremem, nest'hora a sangrar,
Morrem – desejos da Vida!

IV

Nem ondas de sangue... e sangue
Nem de uma nau – Morre a cisma.
Doiram-me as faces do prisma
Mulheres – flores – num mangue...

É O SILÊNCIO...

É o silêncio, é o cigarro e a vela acesa.
Olha-me a estante em cada livro que olha.
E a luz nalgum volume sobre a mesa...
Mas o sangue da luz em cada folha.

Não sei se é mesmo a minha mão que molha
A pena, ou mesmo o instinto que a tem presa.
Penso um presente, num passado. E enfolha
A natureza tua natureza.
Mas é um bulir das cousas... Comovido
Pego da pena, iludo-me que traço
A ilusão de um sentido e outro sentido.
Tão longe vai!
Tão longe se aveluda esse teu passo,
Asa que o ouvido anima...
E a câmara muda. E a sala muda, muda...
Afonamente rufa. A asa da rima
Paira-me no ar. Quedo-me como um Buda
Novo, um fantasma ao som que se aproxima.
Cresce-me a estante como quem sacuda
Um pesadelo de papéis acima...
....

E abro a janela. Ainda a lua esfia
Últimas notas trêmulas... O dia
Tarde florescerá pela montanha.

E oh! minha amada, o sentimento é cego...
Vês? Colaboram na saudade a aranha,
Patas de um gato e as asas de um morcego.

309

O MURO

Movendo os pés doirados, lentamente,
Horas brancas lá vão, de amor e rosas
As impalpáveis formas, no ar, cheirosas...
Sombras, sombras que são da alma doente!

E eu, magro, espio... e um muro, magro, em frente
Abrindo à tarde as órbitas musgosas
– Vazias? Menos do que misteriosas –
Pestaneja, estremece... O muro sente!

E que cheiro que sai dos nervos dele,
Embora o caio roído, cor de brasa,
E lhe doa talvez aquela pele!

Mas um prazer ao sofrimento casa...
Pois o ramo em que o vento à dor lhe impele
É onde a volúpia está de uma asa e outra asa...

PRÉ-MODERNISMO

Durante as primeiras duas décadas do século XX, enquanto a Europa se via invadida pelos movimentos da vanguarda modernista, a literatura brasileira ainda se encontrava dominada pelos estilos surgidos no século anterior.

Parnasianismo e Simbolismo predominavam na poesia, Realismo e Naturalismo na prosa. Alguns escritores, no entanto, rompiam com estas quatro tendências, e, ainda que muito diferentes, não comungando de um estilo comum, antecipavam, cada um a seu modo, as inovações que seriam propagadas pelos modernistas de 1922.

A problematização da realidade social e cultural brasileira, assim como a experimentação formal e linguística, caracterizam as obras de prosadores como Euclides da Cunha (1866-1909), Lima Barreto (1881-1922) e Monteiro Lobato (1882-1948). Já na poesia, este momento precursor da revolução modernista encontraria seu ápice na obra única e inclassificável de Augusto dos Anjos.

AUGUSTO DOS ANJOS
(1884 – 1914)

Nasceu e cresceu no Engenho Pau D'Arco, na Paraíba. Instruído inicialmente pelo pai, formou-se no Liceu Paraibano e cursou a Faculdade de Direito de Recife. Nervoso, misantropo e solitário, só costumava ir fazer as provas, em que tinha desempenho brilhante. Sua formação real se deu na rica biblioteca de seu pai, onde leu, precoce, os principais escritores, cientistas e filósofos de seu tempo. Formado, casou-se e passou a lecionar Português, inicialmente na Paraíba e, em seguida, no Rio de Janeiro, onde viveu de 1910 a 1914, com a mulher e dois filhos, do salário miserável de professor do Ginásio Nacional e da Escola Normal. Em 1912, publica, com recursos emprestados a seu irmão Odilon, seu único livro, *Eu*, que, na época, pouco sucesso fez. Em 1914, é nomeado diretor do Grupo Escolar da cidade mineira de Leopoldina, onde esperava viver uma vida menos miserável. Neste mesmo ano, morre vítima de uma pneumonia dupla.

O acabamento formal da poesia de Augusto dos Anjos é de um rigor parnasiano: rimas ricas, métrica impecável, vocabulário erudito. A musicalidade de seus versos, assim como as sinestesias abundantes, remetem ao Simbolismo. Seus poemas, filosóficos e científicos, remetem à poesia científica proposta por Sílvio Romero. Antecipa o caráter escatológico e agressivo da poesia expressionista, e, por vezes, o tom prosaico dos modernistas. A poesia de Augusto dos Anjos é um dos fenômenos mais intrigantes da literatura brasileira. Praticamente ignorado quando de sua publicação, o seu único livro, *Eu*, logo se tornaria um dos mais populares no país.

O MORCEGO

Meia-noite. Ao meu quarto me recolho.
Meu Deus! E este morcego! E, agora, vêde:
Na bruta ardência orgânica da sede,
Morde-me a goela ígneo e escaldante molho.

"Vou mandar levantar outra parede..."
– Digo. Ergo-me a tremer. Fecho o ferrolho
E olho o teto. E vejo-o ainda, igual a um olho,
Circularmente sobre a minha rede!

Pego de um pau. Esforços faço. Chego
A tocá-lo. Minh'alma se concentra.
Que ventre produziu tão feio parto?!

A Consciência Humana é este morcego!
Por mais que a gente faça, à noite, ele entra
Imperceptivelmente em nosso quarto!

PSICOLOGIA DE UM VENCIDO

Eu, filho do carbono e do amoníaco,
Monstro de escuridão e rutilância,
Sofro, desde a epigênese da infância,
A influência má dos signos do zodíaco.

Profundissimamente hipocondríaco,
Este ambiente me causa repugnância...
Sobe-me à boca uma ânsia análoga à ânsia,
Que se escapa da boca de um cardíaco.

Já o verme – este operário das ruínas –
Que o sangue podre das carnificinas
Come, e à vida, em geral, declara guerra,

Anda a espreitar meus olhos para roê-los,
E há de deixar-me apenas os cabelos,
Na frialdade inorgânica da terra!

A IDEIA

De onde ela vem?! De que matéria bruta
Vem essa luz que, sobre as nebulosas,
Cai de incógnitas criptas misteriosas
Como as estalactites duma gruta?!

Vem da psicogenética e alta luta
Do feixe de moléculas nervosas,
Que, em desintegrações maravilhosas,
Delibera, e depois, quer e executa!

Vem do encéfalo absconso que a constringe,
Chega em seguida às cordas do laringe,
Tísica, tênue, mínima, raquítica...

Quebra a força centrípeta que a amarra,
Mas, de repente, e quase morta, esbarra
No molambo da língua paralítica!

BUDISMO MODERNO

Tome, Dr., esta tesoura, e... corte
Minha singularíssima pessoa.
Que importa a mim que a bicharia roa
Todo o meu coração, depois da morte?!

Ah! Um urubu pousou na minha sorte!
Também, das diatomáceas da lagoa
A criptógama cápsula se esbroa
Ao contato de bronca destra forte!

Dissolva-se, portanto, minha vida
Igualmente a uma célula caída
Na aberração de um óvulo infecundo;

Mas o agregado abstrato das saudades
Fique batendo nas perpétuas grades
Do último verso que eu fizer no mundo!

O MARTÍRIO DO ARTISTA

Arte ingrata! E conquanto, em desalento,
A órbita elipsoidal dos olhos lhe arda,
Busca exteriorizar o pensamento
Que em suas fronetais células guarda!

Tarda-lhe a Idéa! A inspiração lhe tarda!
E ei-lo a tremer, rasga o papel, violento,
Como o soldado que rasgou a farda
No desespero do último momento!

Tenta chorar e os olhos sente enxutos!...
É como o paralítico que, à mingua
Da própria voz, e, na, que ardente o lavra,

Febre de, em vão, falar, com os dedos brutos
Para falar, puxa e repuxa a língua,
E não lhe vem à boca uma palavra!

VANDALISMO

Meu coração tem catedrais imensas,
Templos de priscas e longínquas datas,
Onde um nume de amor, em serenatas,
Canta a aleluia virginal das crenças.

Na ogiva fúlgida e nas colunatas
Vertem lustrais irradiações intensas,
Cintilações de lâmpadas suspensas
E as ametistas e os florões e as pratas.

Como os velhos Templários medievais
Entrei um dia nessas catedrais
E nesses templos claros e risonhos...

E erguendo os gládios e brandindo as hastas,
No desespero dos iconoclastas
Quebrei a imagem dos meus próprios sonhos!

VERSOS ÍNTIMOS

Vês?! Ninguém assistiu ao formidável
Enterro de tua última quimera.
Sómente a Ingratidão – esta pantera –
Foi tua companheira inseparável!

Acostuma-te à lama que te espera!
O Homem, que, nesta terra miserável,
Mora, entre feras, sente inevitável
Necessidade de também ser fera.

Toma um fósforo. Acende teu cigarro!
O beijo, amigo, é a véspera do escarro,
A mão que afaga é a mesma que apedreja.

Se a alguém causa inda pena a tua chaga,
Apedreja essa mão vil que te afaga,
Escarra nessa boca que te beija!

AS CISMAS DO DESTINO (fragmento)

I

Recife. Ponte Buarque de Macedo.
Eu, indo em direção à casa do Agra,
Assombrado com a minha sombra magra,
Pensava no Destino, e tinha medo!

Na austera abóbada alta o fósforo alvo
Das estrelas luzia... O calçamento
Sáxeo, de asfalto rijo, atro e vidrento,
Copiava a polidez de um crânio calvo.

Lembro-me bem. A ponte era comprida,
E a minha sombra enorme enchia a ponte,
Como uma pele de rinoceronte
Estendida por toda a minha vida!   .

A noite fecundava o ovo dos vícios
Animais. Do carvão da treva imensa
Caía um ar danado de doença
Sobre a cara geral dos edifícios!

Tal uma horda feroz de cães famintos,
Atravessando uma estação deserta,
Uivava dentro do *eu*, com a boca aberta,
A matilha espantada dos instintos!

Era como se, na alma da cidade,
Profundamente lúbrica e revolta,
Mostrando as carnes, uma besta solta
Soltasse o berro da animalidade.

E aprofundando o raciocínio obscuro,
Eu vi, então, à luz de áureos reflexos,
O trabalho genésico dos sexos,
Fazendo à noite os homens do Futuro.

Livres de microscópios escalpelos,
Dançavam, parodiando saraus cínicos,
Bilhões de *centrosomas* apolínicos
Na câmara promíscua do *vitellus*.

Mas, a irritar-me os globos oculares,
Apregoando e alardeando a cor nojenta,
Fetos magros, ainda na placenta,
Estendiam-me as mãos rudimentares!

Mostravam-me o apriorismo incognoscível
Dessa fatalidade igualitária,
Que fez minha família originária
Do antro daquela fábrica terrível!

A corrente atmosférica mais forte
Zunia. E, na ígnea crostra do Cruzeiro,
Julgava eu ver o fúnebre candieiro
Que há de me alumiar na hora da morte.

Ninguém compreendia o meu soluço,
Nem mesmo Deus! Da roupa pelas brechas,
O vento bravo me atirava flechas
E aplicações hiemais de gelo russo.

A vingança dos mundos astronômicos
Enviava à terra extraordinária faca,
Posta em rija adesão de goma laca
Sobre os meus elementos anatômicos.

Ah! Com certeza, Deus me castigava!
Por toda a parte, como um réu confesso,
Havia um juiz que lia o meu processo
E uma forca especial que me esperava!

Mas o vento cessara por instantes
Ou, pelo menos, o *ignis sapiens* do Orco
Abafava-me o peito arqueado e porco
Num núcleo de substâncias abrasantes.

É bem possível que eu um dia cegue.
No ardor desta letal tórrida zona,
A cor do sangue é a cor que me impressiona
E a que mais neste mundo me persegue!

Essa obsessão cromática me abate.
Não sei por que me vêm sempre à lembrança
O estômago esfaqueado de uma criança
E um pedaço de víscera escarlate.

Quisera qualquer coisa provisória
Que a minha cerebral caverna entrasse,
E até ao fim, cortasse e recortasse
A faculdade aziaga da memória.

Na ascensão barométrica da calma,
Eu bem sabia, ansiado e contrafeito,
Que uma população doente do peito
Tossia sem remédio na minh'alma!

E o cuspo que essa hereditária tosse
Golfava, à guisa de ácido resíduo,
Não era o cuspo só de um indivíduo
Minado pela tísica precoce.

Não! Não era o meu cuspo, com certeza
Era a expectoração pútrida e crassa
Dos brônquios pulmonares de uma raça
Que violou as leis da Natureza!

Era antes uma tosse úbiqua, estranha.
Igual ao ruído de um calhau redondo
Arremessado, no apogeu do estrondo,
Pelos fundibulários da montanha!

E a saliva daqueles infelizes
Inchava, em minha boca, de tal arte,
Que eu, para não cuspir por toda a parte,
Ia engolindo, aos poucos, a hemoptise!

Na alta alucinação de minhas cismas,
O microcosmos líquido da gota
Tinha a abundância de uma artéria rota,
Arrebentada pelos aneurismas.

Chegou-me o estado máximo da mágoa!
Duas, três, quatro, cinco, seis e sete
Vezes que eu me furei com um canivete,
A hemoglobina vinha cheia de água!

Cuspo, cujas caudais meus beiços regam,
Sob a forma de mínimas camândulas,
Benditas sejam todas essas glândulas,
Que, cotidianamente, te segregam!

Escarrar de um abismo n'outro abismo,
Mandando ao Céu o fumo de um cigarro,
Há mais filosofia neste escarro
Do que em toda a moral do cristianismo!

Porque, se no orbe oval que os meus pés tocam
Eu não deixasse o meu cuspo carrasco,
Jamais exprimiria o acérrimo asco
Que os canalhas do mundo me provocam!

(...)

O FIM DAS COISAS

Pode o homem bruto, adstrito à ciência grave,
Arrancar, num triunfo surpreendente,
Das profundezas do Subconsciente
O milagre estupendo da aeronave!

Rasgue os broncos basaltos negros, cave,
Sôfrego, o solo sáxeo; e, na ânsia ardente
De perscrutar o íntimo do orbe, invente
A lâmpada aflogística de Davy!

Em vão! Contra o poder criador do Sonho
O Fim das Coisas mostra-se medonho,
Como o desaguadouro atro de um rio...

E quando, ao cabo do último milênio,
A humanidade vai pesar seu gênio
Encontra o mundo, que ela encheu, vazio!

Impresso por:

Gráfica e editora

Tel: (11) 2769-9056